Couverture inférieure manquante

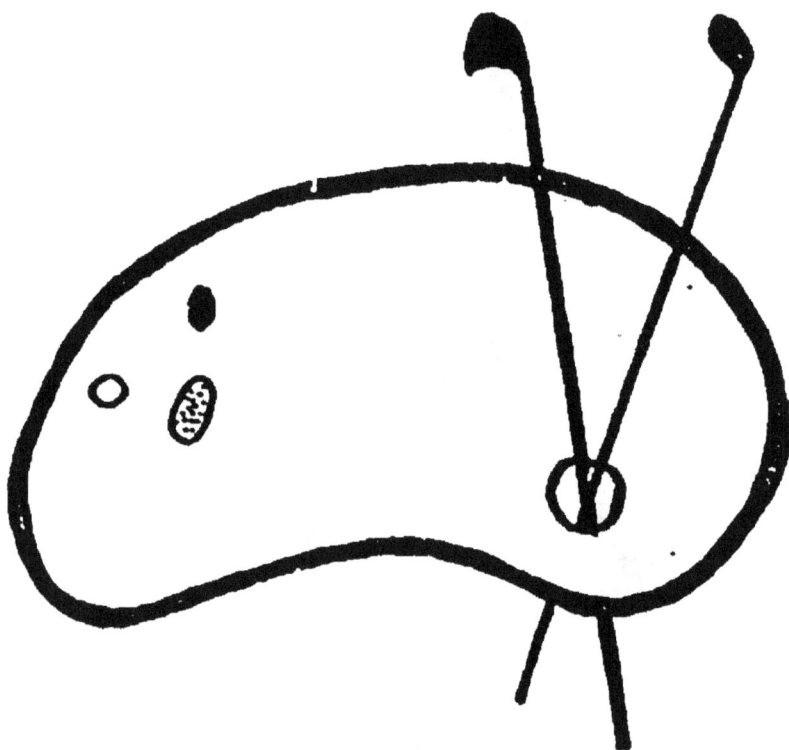

DEBUT D'UNE SERIE DE DOCUMENTS
EN COULEUR

CAMILLE FERRÉ

QUESTIONS POITEVINES

PREMIÈRE SÉRIE

L'OCTROI

SES ORIGINES — SES DÉTRACTEURS — SES EFFETS

CONCLUSIONS

POITIERS

IMPRIMERIE « DU RÉPUBLICAIN DE LA VIENNE »

MILLET ET PAIN

2, RUE THIBAUDEAU, 2

1895

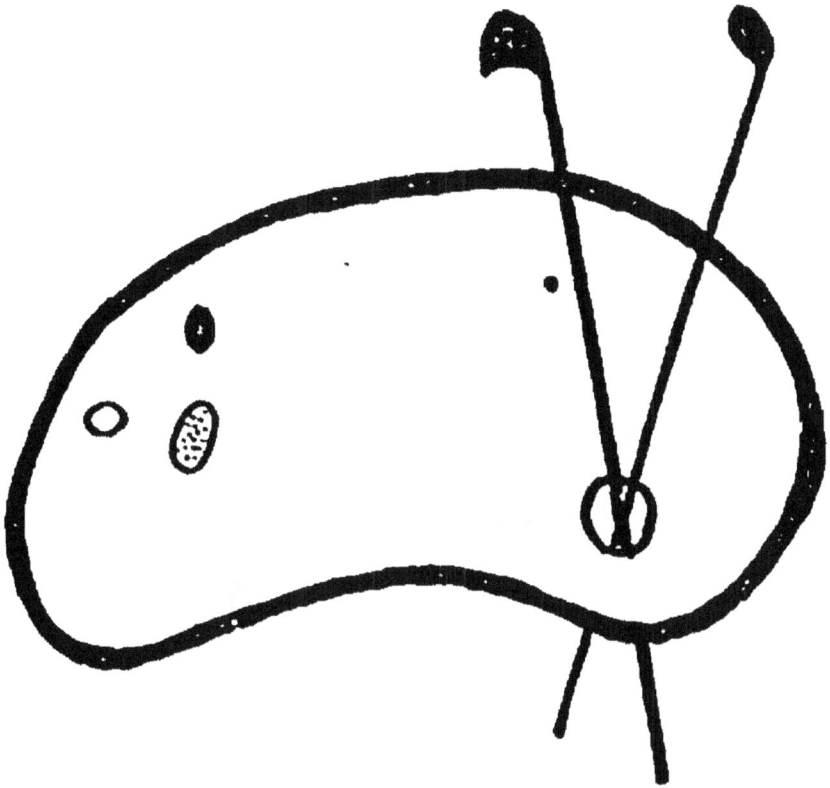

FIN D'UNE SERIE DE DOCUMENTS
EN COULEUR

CAMILLE FERR

QUESTIONS POITEVINES

PREMIÈRE SÉRIE

L'OCTROI

SES ORIGINES — SES DÉTRACTEURS — SES EFFETS
CONCLUSIONS

POITIERS

IMPRIMERIE « DU RÉPUBLICAIN DE LA VIENNE »

MILLET ET PAIN

2, RUE THIBAUDEAU, 2

1893

AVANT-PROPOS

———

Ces quelques articles avaient été écrits pour le *Républicain de la Vienne*, dans le seul but de montrer à mes concitoyens avec quelle prudence devait être traitée cette question, et aussi combien quelques-uns d'entre eux se trompaient en affirmant que la classe laborieuse portait tout le poids de l'octroi.

Il a paru à quelques-uns de mes amis, probablement prévenus en ma faveur, que cette courte et superficielle étude devait faire l'objet d'une édition spéciale. J'ai autorisé la réimpression de ces articles sous forme de brochure.

Puisse cette publication n'être désagréable à personne.

CAMILLE FERRÉ.

Poitiers, le 1er mai 1895.

PREMIÈRE PARTIE

ORIGINES DE L'OCTROI

L'OCTROI

A de certaines époques, et toujours quand les luttes politiques deviennent plus ardentes, lorsque, dans les programmes électoraux, les personnalités tendent à prendre la place des principes, l'inévitable question de l'Octroi fait son apparition. C'est le cheval de renfort des politiciens aux abois ; et dès que l'odieux impôt est dénoncé à la vindicte publique, tout un monde d'adversaires, rééditant les vieilles malédictions classiques contre une des formes les plus impopulaires du fisc, demande, au nom de la morale économique, la suppression de ce que certains écrivains se plaisent à nommer **« le dernier vestige de la féodalité. »**

Si, sans préjuger la question, que nous nous proposons d'étudier sérieusement, nous cherchons à connaître quels motifs peuvent lier si étroitement entre eux les chevaliers de cette croisade d'un nouveau genre, nous ne tarderons pas à découvrir les raisons suivantes :

D'abord, cet impôt atteint tout le monde, et il a le tort très grave d'offrir quelques points de ressemblance avec les taxes les plus impopulaires de l'ancienne monarchie ; ensuite, sa perception, quelque soin que prennent les administrations, entraîne à des mesures plus ou moins inquisitoriales, selon que les agents préposés à ce soin remplissent leurs fonctions avec plus ou moins de zèle. Hâtons-nous de déclarer qu'à

Poitiers nous n'avons, de ce chef, aucune plainte à formuler.

Puis, quel beau thème pour des candidats à une fonction élective! Quel escabeau commode pour les politiciens peu soucieux de l'équilibre financier des communes, pourvu qu'ils puissent s'emparer des situations qu'ils envient!

Dire à la masse, habituée à se payer de mots, que l'on veut supprimer les barrières, c'est se faire bénir; c'est surtout **décrocher la timbale.**

.ais indiquer par quoi l'on compte remplacer les revenus sacrifiés et surtout donner un moyen pratique et d'application immédiate : c'est autre chose.

Il faut bien le dire aussi, les théoriciens de l'Economie politique ont puissamment aidé au mouvement dirigé contre l'Octroi. Au nom d'une philanthropie mal comprise, ils ont clamé contre le pelé, le galeux. Les foules, flattées d'entendre les hommes de science abonder dans leur sens, n'ont plus douté un seul insta. ue l'Octroi ne fût une charge dont elles portaient tout le poids.

Il n'est pas jusqu'aux groupements parlementaires qui n'aient tenu à exploiter cette mine de popularité, et plus on descend l'échelle des coteries politiques, plus on trouve puissante cette rage de destruction doublée, hélas! de la même indifférence pour la reconstruction.

Eh bien, nous touchons à l'une de ces époques de révolte contre l'Octroi, si nous n'y sommes déjà.

.˙.

Faut-il condamner irrévocablement cette forme de l'impôt? Telle est la grosse question qui se dresse devant nous.

Déjà, plusieurs communes ont, à l'heure actuelle, mis le problème en discussion; demain, peut-être, les communes poitevines les imiteront?

Notre but serait de porter la lumière sur ce point, de façon que, le moment venu, il ne se formât pas, dans notre pays et à ce sujet, une de ces erreurs néfastes qui poussent aux mesures violentes et obligent ensuite les intéressés à revenir sur ce qui a été fait, au grand détriment de la stabilité financière et du bon fonctionnement des finances communales

. .

Nous ne craignons pas de dire que ce sujet est un des plus graves que l'on puisse traiter, aussi avons-nous résolu, pour l'étudier avec fruit, de faire table rase de toute opinion préconçue, et de ne nous prononcer qu'après avoir examiné la question dans ses plus importantes manifestations.

Après quoi, s'il y a lieu de considérer l'Octroi comme un instrument fiscal démodé ou un impôt d'un fonctionnement injuste, nous rechercherons comment il pourrait être remplacé.

Mais, entendons-nous bien, nous ne perdrons pas de vue un seul instant qu'à l'heure actuelle, à Poitiers, l'Octroi emplit, presque à lui seul, la caisse municipale; que, grâce à ses versements régulièrement hebdomadaires, la commune peut journellement payer à caisse ouverte: et que, sous prétexte de détruire un abus, il ne faudrait pas, par une suppression imprudente, creuser un gouffre dans lequel le crédit de la ville risquerait de s'engloutir pour longtemps.

NÉCESSITÉ D'UN IMPOT MUNICIPAL

Nous habitons une ville relativement importante; par conséquent, nous avons à notre portée une certaine quantité d'Établissements publics ou privés dont chacun de nous peut avoir besoin aujourd'hui ou demain : Préfecture, Académie, Tribunaux, Poste, Télégraphe, Banques, etc.

Un nombre considérable de travaux d'utilité publique et d'Institutions municipales, des créations d'ordre privé mais d'un usage général, sont groupés dans les limites urbaines et n'ont pour but que de nous offrir des commodités, ou de protéger, d'une façon efficace, nos personnes et nos propriétés.

Si nous avons à faire des courses ou des visites, et que notre état de fortune ne nous permette pas l'usage d'une voiture, nous avons tout au moins, sous les pieds, un chemin solide et à peu près praticable en toute saison. Le soir, les rues sont éclairées. Nous pouvons nous absenter de notre habitation, sans avoir trop grand peur d'être dévalisé, car la police municipale a pour mission de veiller nuit et jour à la sécurité de la ville. La commune entretient à ses frais une compagnie de pompiers chargée de sauvegarder nos propriétés en cas d'incendie. De nombreuses bornes-fontaines mettent gratuitement une eau potable à la disposition de tous.

Les membres indigents de la commune, les travailleurs devenus infirmes trouvent, dans les hospices et les maisons de charité subventionnées, de quoi assurer leur existence. Des Bureaux de bienfaisance et des Œuvres charitables donnent à qui manque du nécessaire. Les enfants n'ont que quelques pas à faire pour se rendre à l'école. Des lieux de promenade et des divertissements nous sont offerts dans la mesure du possible. Le médecin, le pharmacien, l'avocat, sont à notre porte. A peine avons-nous un désir, ressentons-nous un besoin, que nous pouvons presque toujours le contenter, y satisfaire, sans grand dérangement ni forte dépense.

En un mot, nous jouissons de tous les avantages que la civilisation offre à l'homme du xix⁰ siècle; et si la facilité avec laquelle nous nous les procurons nous échappe à force de banalité, elle n'en existe pas moins.

En douterait-on, qu'il suffirait, pour s'en convaincre, de considérer l'habitant des bourgs ou des maisons isolées dans les terres, et d'établir une courte comparaison.

Aucun des Établissements publics ou privés auxquels l'homme est si souvent obligé d'avoir recours, dans notre Société civilisée, ne se trouve à la disposition immédiate du rural. La moindre course par les chemins boueux devient une corvée ennuyeuse et fatigante. A peine la nuit est-elle tombée que gens et choses sont plongés dans l'obscurité la plus complète. Pendant que la gendarmerie explore les grands chemins, personne ne veille à la sécurité des sentiers ni des ruelles des bourgs. Souvent l'école est éloignée d'un ou deux kilomètres.

Faute de secours rapides, un incendie est le plus souvent un désastre complet. En cas de maladie, il faut attendre le médecin, qui devra faire une longue course pour arriver jusqu'à son client; après quoi, le malade sera forcé de patienter une demi journée, avant qu'il puisse se procurer les remèdes prescrits chez le pharmacien du canton.

Les divertissements sont nuls. La vie matérielle a supprimé toute manifestation de l'esprit: l'église seule reste aux ruraux, encore ne compte-t-elle vraiment que pour les habitants du chef-lieu de la commune.

En résumé, les quatre cinquièmes des suburbains sont privés d'un grand nombre d'utilités pratiques et de tout ce qui peut rendre l'existence agréable.

Cette différence énorme, qui existe dans le partage du bien-être entre les citadins et les ruraux, s'explique aisément.

Les hommes réunis en Société sont capables d'efforts que l'individu isolé ne peut accomplir, et plus l'association compte de membres, plus les jouissances qu'elle procure à ses sociétaires sont nombreuses et complètes. Autrefois, les citoyens se fédéraient pour entourer leur ville de murailles, afin de repousser les attaques de l'ennemi ou de pouvoir lutter contre les prétentions des seigneurs; aujourd'hui, ils s'unissent pour se procurer facilement les choses qui leur sont nécessaires.

Mais avec quoi payer toutes ces commodités qui rendent le séjour des villes si agréable?

Avec le produit d'un impôt. Il faut que chaque membre de la communauté paye sa quote-part dans la dépense générale, et que l'apport de chacun soit proportionnel à la somme des utilités qu'il consomme et à ses moyens.

Là est la logique; là est la justice.

L'IMPOT DIRECT ET L'IMPOT INDIRECT

La première partie de cette étude étant une simple exposition, nous n'avons, en ce moment, qu'à déterminer les éléments de nos futures discussions.

Sans doute, quelques-unes de nos explications paraîtront inutiles à beaucoup de nos lecteurs, il n'en est pas moins vrai qu'elles sont indispensables, pour l'intelligence de la question, à la fraction du public qui s'occupe peu des questions économiques.

Notre désir serait de ne laisser, dans ce modeste travail, que le moins de lacunes possible; en même temps que nous tiendrions à ne présenter que des exposés très clairs et des termes bien définis.

C'est pourquoi, avant d'aborder l'historique de l'Octroi, nous allons tenter d'expliquer brièvement en quoi l'**Impôt direct** diffère de l'**Impôt indirect**. Comme nous emploierons souvent ces expressions, nous n'aurons alors, en les citant, aucune crainte de n'être pas entièrement compris de nos lecteurs.

**

L'Impôt direct est établi sur les personnes et les propriétés, d'après des règles fixes. Il a pour base : l'existence des individus, le revenu foncier des contribuables, et certains signes de richesse. Il est perçu directement, d'après des rôles nominatifs.

Son action s'exerce : 1° Sur la propriété foncière; 2° sur les personnes et la propriété mobilière; 3° sur les portes et fenêtres; 4° sur les patentes.

.·.

L'impôt indirect ne frappe pas des personnalités désignées à l'avance mais des faits tangibles.

L'OCTROI EST UN IMPÔT INDIRECT.

La consommation d'un objet désigné représente la prise de possession, l'emploi d'une utilité, et ce fait de la consommation est bien, en soi, un signe de richesse évident.

Comment agit l'Octroi? — Au moment où la matière sujette à la taxe est introduite à l'intérieur du périmètre soumis au fisc, l'administration de l'Octroi la frappe d'un droit à payer, et c'est l'individu possesseur de l'objet imposé, au moment où s'accomplit l'entrée en ville, qui doit acquitter la taxe.

L'introducteur de la matière taxée ne manquera pas de joindre le montant de ses déboursés à son prix de vente, et le consommateur se trouvera payer **indirectement** les droits dont aura été frappée la marchandise qu'il vient d'acquérir.

L'Octroi, impôt indirect, est donc un impôt de consommation. Il n'agit qu'au moment où la richesse est acquise pour être consommée; et plus l'Octroi atteindra d'objets, plus la quotité afférente à chaque article pourra être abaissée sans nuire au rendement total, par conséquent, plus l'impôt paraîtra léger au consommateur.

.·.

Les recettes de l'Octroi ne constituent pas à elles seules les ressources des communes, deux autres branches de revenu y sont adjointes :

1° Les revenus communaux, lorsque les villes en possèdent ;

2° Les centimes additionnels ajoutés au principal des contributions directes.

．．

De l'impôt direct ou de l'impôt indirect lequel est le plus conforme à l'idée de justice?

Il n'est pas de question plus controversée. D'une façon générale, les théoriciens vantent l'excellence de la forme directe alors que les praticiens préconisent la forme indirecte.

Où donc est la vérité ?

Pour le moment, nous n'en savons rien; mais nous allons essayer de nous faire une opinion à ce sujet, en cherchant ensemble. Nous croyons pouvoir affirmer, cependant, que dans cette question, comme dans toutes celles qui relèvent du domaine purement humain, la solution du problème se trouve en dehors de l'absolu.

Montesquieu avait dit : « **Les droits sur les marchandises sont ceux que les peuples sentent le moins.** » — Et aussi : « **L'impôt par tête est le plus naturel à la servitude; l'impôt sur les marchandises est le plus naturel à la liberté.** »

M. Thiers disait, en 1848 : « **L'impôt indirect est l'impôt des pays les plus avancés en civilisation, tandis que l'impôt direct est celui des pays barbares.** »

Mais M. Frédéric Passy déclare que : « **C'est dans le pays où l'impôt est le plus librement consenti et le plus exactement connu de tous, qu'on a toujours trouvé, à l'heure du besoin, les plus faciles et les plus inépuisables ressources.** »

Plus loin, le savant économiste ajoute : « **L'impôt indirect fléchit immanquablement dans les circonstances difficiles; la consom-**

mation se resserre quand on la charge. »

Autrement dit, M. Passy se déclare partisan de l'impôt direct.

∴

Si l'on nous demande auquel des deux avis ci-dessus nous nous rangeons, nous répondrons :

L'impôt direct nous semble être livré sans défense aux Pouvoirs capricieux. Supposons, par impossible, qu'un Gouvernement frappé de folie amène la taxe à égaler le montant du capital imposé, la propriété foncière disparaîtra, mais elle aura obéi. Elle ne peut résister aux attaques du fisc. Sa matérialité, sa passivité, la condamnent à tout endurer de ses adversaires, et ces derniers le savent bien. Puis, cet impôt a le grave inconvénient de n'être calculé que sur les signes apparents de la richesse; or, en matière de propriété foncière, l'apparence est souvent menteuse. Enfin, le montant des taxes est toujours une somme relativement élevée que l'Etat réclame à son heure, sans s'occuper des ressources réelles du contribuable, et sans se demander si son débiteur est en mesure de répondre à ses exigences.

L'impôt indirect a le grand avantage de ne frapper la richesse qu'au moment où elle est consommée, et c'est bien une richesse réelle que celle qui est susceptible d'être immédiatement assimilée. Il est très élastique et ne se chiffre que par de petites sommes passant inaperçues dans le prix des choses. Surtout, il se défend. Si l'on admet que les consommateurs cessent, à un moment donné, d'être garantis par une loi de l'Etat, un article trop fortement taxé ne sera plus demandé sur le marché, en conséquence les recettes de ce chef seront supprimées. L'Etat ou la Commune s'apercevra immédiatement du déficit produit, et ne tardera pas à comprendre qu'en serrant trop la poule, non seulement on ne l'aide pas à pondre, mais encore qu'on risque de l'étouffer.

∴

Tout bien pesé, nous pensons qu'un bon système de finances doit être établi sur l'emploi parallèle des deux modes : l'impôt direct frappant la propriété matériellement fixée ; et l'impôt indirect atteignant la richesse circulante au moment précis où, par le fait de la consommation dont elle est l'objet, elle prouve son existence.

ORIGINES DES TAXES D'OCTROI

Etant données la simplicité de son mécanisme et la facilité
de son fonctionnement, l'Octroi a dû exister aussitôt que les
hommes ont vécu en Société. Dès l'instant qu'une cité a été
créée, il va de soi que ses habitants se sont vus obligés d'accomplir certains travaux de défense, de vicinalité, d'administration intérieure. Aussi longtemps qu'il ne s'est agi que
de petites agglomérations humaines, il a pu être possible de
pourvoir aux besoins de la communauté par des contributions en nature ou des prestations; mais la cité prenant de
l'importance, les travaux s'imposant sur une plus grande
échelle, les hommes ayant spécialisé leurs occupations, en
vertu de la loi de la division du travail, il a pu venir, de
bonne heure, à la pensée des administrateurs de la ville
naissante, qu'il serait avantageux, à tous les points de vue,
d'autoriser le rachat des contributions primitives; même de
généraliser l'opération, en demandant à chaque membre de
l'association un sacrifice proportionnel à ses moyens, et
payable en monnaie, signe représentatif de la richesse.

Or, même à cette époque très reculée, la façon la meil-
leure et la plus simple d'évaluer la richesse d'un individu,
ne consistait-elle pas à calculer la somme des utilités qu'il
s'assimilait? Mais comme cette opération eût été longue et
d'une pratique trop inquisitoriale, le législateur dut, après
avoir fait la part des objets strictement indispensables à tous,
n'imposer à l'entrée dans la cité que les articles constituant
des utilités de luxe.

Si quelquefois, dans ces temps éloignés, le rapport équitable disparut entre la somme payée et les utilités consommées par le contribuable, cela tint à ce que le mode de répartition des charges fut arrêté par les notables, sans que les pauvres eussent été appelés à se prononcer sur la question. Mais, en Droit, la Loi ne doit jamais demander au citoyen que des sacrifices proportionnés à la protection qu'elle lui accorde ou aux avantages qu'elle lui procure.

Un historien grec, Thucydide, nous apprend que, dans Athènes, les marchandises apportées sur le marché public payaient un droit.

Dès le règne de Servius Tullius, Rome avait ses droits d'octroi nommés **Portoria;** ils étaient perçus par les **Portitores,** sur les marchandises vendues en foire ou en public.

César nous raconte qu'il trouva, dans les Gaules, un impôt appliqué au transport des marchandises; qu'il le conserva en lui laissant son nom de **Vectigal,** et qu'il en confia la perception à des fonctionnaires qu'il désigna sous le nom de **Conductores Vectigalis.**

Au v⁰ siècle, Paris levait sur les bateaux de la Seine un droit qui n'était que le **Vectigal** transformé.

Au vⁱⁱ⁰ siècle, Dagobert Iᵉʳ institua, au profit de la ville de Paris, un droit sur les marchandises introduites par le petit pont Saint-Martin et destinées à être conduites au champ de foire. Le produit de cet impôt était affecté au payement des travaux d'embellissement de la ville.

Au vⁱⁱⁱ⁰ siècle, Charlemagne, voulant favoriser l'abbaye Saint-Germain-des-Prés, exempta les marchandises destinées à cette association religieuse de tous les droits dont Amiens et les villes voisines voulaient les obérer.

Nos lecteurs ont pu remarquer qu'il ne s'agit jusqu'ici que de droits levés sur des marchandises vendues publiquement ou taxées en cours de transport, et ils pourraient nous objecter que ces deux opérations ne réunissent pas toutes les conditions de l'Octroi, tel que nous le possédons.

En effet, l'Octroi, tel qu'il existe aujourd'hui, ne grève que les marchandises destinées à la consommation locale; il ne les frappe d'un droit que quand elles franchissent les portes des villes pour y entrer, qu'elles soient destinées à être revendues en public ou à domicile, et sous cette seule distinction, que les marchandises qui font l'objet d'un **marché extérieur** à la commune sont admises à circuler en **complète franchise**.

Il faut songer qu'en ces temps reculés, les négociants étaient loin d'opérer comme ils le font actuellement. On peut même dire que le commerce à demeure n'existait pas, le magasin de vente n'étant pas créé. Acheteurs et vendeurs se rencontraient sur le champ de foire où l'article était présenté et la transaction convenue. La chose se passe encore ainsi de nos jours à la campagne.

Imposer les marchandises vendues en foire, au VIIIe siècle aussi bien qu'au Ve, équivalait donc à imposer **tous** les objets vendus sur le territoire de la commune.

.·.

Sous Charles IX, l'Octroi devint une des prérogatives royales. Dans la suite, il se confondit souvent avec les **aides** et en emprunta une partie de l'impopularité.

Quelques mots sur l'origine du nom de cet impôt. Les chartes concédant aux communes l'autorisation de lever des taxes sur les marchandises, commençaient généralement ainsi : **Nous... etc... avons octroyé et octroyons ce qui suit...**; du verbe **octroyer**, on tira le substantif **octroi**; ce fut aussi simple que cela.

.·.

En 1647, les finances de l'État étaient dans le désordre le plus complet. Mazarin n'hésita pas à commettre un acte de brigandage ; il ordonna le versement immédiat des deniers communaux dans le trésor royal, et, en échange, il autorisa les municipalités à répéter les taxes pour subvenir aux besoins des villes.

Ce mauvais coup, tout italién, réussit en partie. Les communes s'indignèrent, mais elles payèrent. La Fronde suspendit heureusement la continuation de ce vol.

Colbert ne voulut pas endosser entièrement l'odieux soulevé par la spoliation dont Mazarin n'avait pas craint de se rendre coupable ; il ne prit qu'une moitié du revenu des taxes communales ; les municipalités durent s'arranger pour vivre avec l'autre moitié.

.·.

Arrêtons-nous sur ce dernier trait. Non seulement, dans l'espèce, Colbert fut un ministre honnête, mais il fut prévoyant. Il lui eût été facile de faire le généreux en paraissant laisser aux communes le produit intégral de leurs taxes, quitte à se procurer de l'argent par un des cent moyens à sa disposition ; mais, homme expert, il dut croire qu'en prévision de l'avenir, il était préférable de garder ouverts tous ses chapitres de Recette. Le grand ministre songea sans doute, avec raison, qu'il serait toujours plus facile d'élever la quotité d'une taxe que de créer un nouvel impôt.

SUPPRESSION

En 1772, le roi voulut se charger de l'entretien des hôpitaux. Il mit la main sur les taxes que les villes s'étaient imposées pour subvenir aux frais de l'hospitalisation de leurs malades indigents ; ce fut à partir de ce moment que l'institution financière dont nous nous occupons prit le nom d'**Octroi au Roi**.

Ces taxes, connues à la fin du XVIIIe siècle, sous le nom de « Droits de Subsistance », s'appliquaient aux marchandises entrées dans les villes et, suivant la localité où elles étaient appliquées, portaient des noms différents : de courtepinte, de cloison, de grainage, etc...

Jusqu'en 1789, le roi continua de gérer l'Octroi. L'Etat s'était donc substitué aux villes, et son action, qui s'exerçait sur la quotité des taxes, la perception et l'évaluation du rendement, introduisait un élément gênant dans l'Administration des communes. A ce moment, l'Octroi rapportait, en bloc, 42 millions. De cette somme, la plus grosse part, 25 millions, allait au Trésor royal ; le reste, 17 millions seulement, était laissé aux villes pour subvenir à leurs frais d'administration et aux travaux d'embellissement.

∴

1791

Il est intéressant, pour l'étude de notre sujet, de suivre la discussion des Lois de finances à la première Assemblée nationale.

Le 21 février 1791, le duc de Larochefoucauld, président du Comité des Contributions publiques, après la discussion générale du budget, aborda le chapitre de l'entrée dans les villes. A cette époque, et suivant la règle adoptée en 1772, le rendement de cet impôt était ainsi réparti : 24,880,000 à l'Etat, et 17,120,0 0 aux villes.

M. de Larochefoucauld qualifiait ainsi ces taxes, sans que l'Assemblée protestât : **L'un des moins vexatoires des impôts indirects. Il** demandait : **que le tarif fût fait de manière que les comestibles, les objets de consommation du pauvre ne payassent presque rien, et que la circulation des denrées et marchandises ne fût soumise à aucun droit. Il** indiquait **que le contre-coup de cette suppression serait l'augmentation de la contribution personnelle, à laquelle on avait fait cependant des reproches amers.**

∴

Le député Fermont rappelait : **que les grandes villes devraient être entendues sur la façon dont elles comptaient remplacer les impôts ; il proposait l'élévation de la contribution personnelle, une taxe sur les domestiques, les chevaux, les voitures.**

2

Le député Lechapelier demanda purement et simplement, **l'abolition de l'Octroi.**

Sur cette proposition, l'Assemblée décida **qu'à dater du 1ᵉʳ mai suivant, tous les droits d'entrée dans les villes, bourgs et villages seraient supprimés et que, sous huit jours, son comité des impositions devrait lui présenter le projet des impositions indirectes qui devaient remplacer les impôts supprimés, et qui étaient perçus au profit de la Nation, des hôpitaux et des villes.**

Et voilà comment, sans enquêtes ni préoccupation des conditions particulières dans lesquelles se trouvaient les villes, on supprima, par un simple vote, des ressources indispensables, sans mettre en regard des dépenses communales autre chose qu'un projet d'impôt.

Ce fut une faute énorme, que la Nation ne fut pas lente à reconnaître.

RETABLISSEMENT

Le 15 mars 1791, Jarochefoucauld vint déclarer que le Comité des Finances l'avait chargé **« d'exprimer la pensée que pour combler le déficit de 24.800,000 fr. produit (dans la caisse de l'Etat) par la suppression des taxes aux entrées des villes, il n'était pas nécessaire de recourir à de nouveaux impôts. »** Personne ne se souvint des communes. L'Assemblée les avait privées de leurs revenus et ne daignait prendre souci de l'embarras dans lequel elles allaient se trouver.

Dès le 10 mai 1791, le député **Leveillé-Canteleu,** rapporteur des Comités de Mendicité et des Finances, confessait à la tribune de l'Assemblée, **ne pouvoir différer plus longtemps les plaintes dont les comités avaient été saisis par les départements.** Il faisait connaître à ses collègues que **les villes, en attendant les taxes de remplacement qu'on leur avait fait espérer, avaient pourvu aux besoins des hôpitaux par la levée de sous additionnels, mais que cette ressource était loin d'être suffisante et que la misère de ces établissements était immense.**

Après avoir indiqué que les hôpitaux, privés de leurs revenus, n'avaient même plus l'espérance de trouver des prêteurs, Léveillé proposa un prêt de 500,000 livres, payable en 12 mois, et fait par le Trésor à ces établissements.

Les choses traînèrent jusqu'en 1799.

.·.

Le 27 vendémiaire, an VII, les droits d'entrée sur les marchandises furent rétablis à Paris, **pour le payement des dépenses communales et l'entretien des hôpitaux.**

Le 18 brumaire an VII, le **Conseil des Anciens** réglementa les dépenses des communes. Le citoyen **Cretel**, rapporteur, rappela **que les droits d'entrée avaient été gaspillés sous la Monarchie.** Il affirma que « **les taxes locales sur les denrées sont un moyen naturel et très ancien de pourvoir aux dépenses des grandes communes, lorsque leurs revenus patrimoniaux ne leur suffisent pas.** »

Cretel, constatant le rétablissement des droits d'Octroi à Paris, proposa d'étendre l'autorisation aux autres communes. En même temps, la loi édicta des mesures propres à empêcher le renouvellement des abus contre lesquels le public avait protesté.

Le projet de Cretel fut voté. La loi rétablissait l'impôt à la condition que les communes fussent libres de l'appliquer, **selon leurs besoins.**

Le 29 pluviose an VIII, le Tribunat, en présence de la misère des hospices, émit le vœu que les Octrois fussent rétablis dans 250 communes qui ne pouvaient suffire autrement à leurs dépenses. Le rapporteur, après avoir constaté l'urgence des besoins s'écriait : **Ce n'est pas seulement l'humanité qui réclame l'adoption du projet, c'est la justice.**

Le 5 ventose suivant, le vœu du Tribunat fut soumis au Corps législatif, qui l'adopta et le convertit en loi.

.·.

La ville de Poitiers n'avait pas attendu la décision du Tribunat pour rétablir les droits d'Octroi. Plongé dans la plus profonde détresse, par suite de la suppression, le chef-lieu du département de la Vienne avait remis ses taxes d'entrée en vigueur depuis le 28 prairial an VII.

D'autres cités plus riches, plus grandes, avaient imité Poitiers : Nantes, Bordeaux et Rouen avaient devancé la loi du 5 ventôse.

.·.

Ce dernier chapitre clôt ce que nous avons appelé l'exposition de la question. Dans une deuxième série nous discuterons les raisons invoquées pour ou contre l'Octroi. Puis, nous étudierons le fonctionnement de cette institution et les résultats qu'elle donne à Poitiers.

Enfin, nous concluerons en nous appuyant sur les calculs, les raisonnements et les faits que nous aurons relevés et commentés.

DEUXIÈME PARTIE

LES DÉTRACTEURS DE L'OCTROI

M. FREDERIC PASSY

Du moment qu'il s'agit de l'Octroi, il faut s'occuper de
M. Frédéric Passy. Le savant économiste a attaché son nom
à l'idée de la suppression de cet impôt. Il a discuté cette
question avec tant d'acharnement, qu'il a mérité d'être désigné comme le chef du mouvement abolitionniste ; de fait,
ses écrits sont la Bible de tout adversaire de l'Octroi qui se
respecte Depuis nombre d'années, tout homme politique qui
fulmine contre le principe des taxes d'entrée aux barrières
des villes, ne fait que paraphraser la leçon apprise dans
l'Evangile selon **Saint Frédéric** ; quelquefois, même,
les termes n'en sont pas déguisés.

Pour nous qui, en ce moment, ne plaidons ni pour ni contre
l'Octroi, M. Passy n'est que le chef de l'école abolitionniste,
et nous allons discuter ses principales affirmations.

.·.

Nous avons déjà cité une des sentences de l'apôtre ;
examinons-la soigneusement, comme nous ferons de toutes
les critiques provenant d'une source aussi autorisée.
« **L'impôt indirect fléchit immanquablement dans les circonstances difficiles ;**

la consommation se resserre quand on la charge. »

Il nous sera bien permis de dire que, la période révolutionnaire de 1789 à 1794, exceptée, jamais la France moderne n'avait traversé de circonstances plus difficiles que pendant l'année 1871 ? A ce moment, la France devait payer aux Prussiens l'énorme rançon de cinq milliards, et on peut évaluer à un chiffre au moins égal le dommage causé, par l'invasion, à la Propriété, à l'Industrie et au Commerce français. La somme était difficile à trouver. Comment s'y prit M. Thiers, alors chef du pouvoir exécutif ? Il obtint de l'Assemblée nationale toute une série d'impôts indirects : sur les matières premières, les textiles, les bouilleurs de cru, la chicorée, le pétrole, les allumettes, le papier, etc., et une majoration des droits sur l'alcool.

La France paya, et elle paya rapidement.

Pourquoi M. Thiers demanda-t-il à l'impôt indirect la plus grande partie de la somme exigée par les circonstances ?

Pour deux raisons : 1° parce qu'il devinait le danger qu'il y aurait à trop charger la propriété foncière, laquelle est comme le patrimoine de la Nation française, la source de son grand crédit et le plus clair de sa fortune consolidée ; 2° parce que les impôts indirects, tout en étant plus **élastiques** que les impôts directs, n'atteignaient que la richesse circulante de la Nation, laquelle richesse, de par son activité et sa puissance de travail, était susceptible de guérir les plaies que pourrait lui faire le nouvel instrument fiscal que la nécessité venait de forger.

Les taxes ont donné ce que le législateur leur avait demandé et la fortune publique n'a été atteinte en rien. L'argument des **circonstances difficiles**, invoqué par M Passy, tombe donc devant cet exemple récent.

Quant au second reproche, nous l'acceptons ; mais loin d'en faire une cause d'infériorité, nous le classons parmi les qualités. C'est une garantie pour le contribuable, que l'on reconnaisse la nécessité de modérer les taxes, sous peine de restreindre ou d'annuler la consommation des objets imposés.

Il était même nécessaire que nos législateurs reçussent cet avis d'un économiste aussi distingué que l'est M. Frédéric Passy.

..

« L'Octroi nuit à la prospérité individuelle... à la prospérité locale... à l'agrandissement des villes.

Il nous semble impossible que des taxes portant sur d'aussi nombreux articles, et si peu importantes pour chaque catégorie, nuisent à la prospérité individuelle ; nous ne pouvons comprendre que l'Octroi, qui épargne les matières destinées à être ouvrées dans les ateliers locaux, puisse empêcher un industriel ou un commerçant de créer un établissement prospère, voire même de faire fortune si les circonstances le permettent.

..

« A la prospérité locale » En quoi ? — Si l'Octroi n'existait pas, les dépenses communales ne resteraient-elles pas à peu près les mêmes, et la somme jugée nécessaire pour les couvrir ne serait-elle pas prise quand même sur la commune, d'une façon ou d'une autre ?

Supposons qu'au lieu d'être supportées par un impôt indirect comme l'Octroi, les dépenses communales soient couvertes par un impôt direct assis sur la propriété foncière et les patentes, croit-on que les propriétaires consentiront à abandonner une partie de leur revenu ? que les commerçants renonceront à une fraction de leurs bénéfices ? Que non ! Alors que feront-ils ? Les propriétaires élèveront les prix des baux qu'ils consentiront, et **l'ouvrier, leur locataire**, remboursera, par ce fait, une part de ce supplément de charges en rapport avec le loyer de l'appartement qu'il occupera ; les commerçants qui ont besoin d'encaisser un total de bénéfices annuels majoreront d'autant leurs prix de vente, à moins qu'ils ne diminuent les salaires de leurs employés : dans les deux cas, sur qui tombera l'accroisse ment de l'impôt? **Sur l'acheteur au détail, sur l'ouvrier.**

N'en déplaise à M. Passy et à son école, du moment que les dépenses subsistent, il faut qu'un équivalent de recettes vienne les balancer. Avec l'impôt direct qu'ils préconisent, les locataires et les acheteurs au détail seraient seuls à supporter les taxes ; avec l'impôt indirect qu'est l'Octroi, chaque habitant de la commune, riche ou besoigneux, se trouve payer au fisc une somme proportionnelle à celle de ses achats.

Sur ce dernier point encore, M. Passy est donc dans l'erreur.

.•.

« **A l'agrandissement des villes** ». La réponse est facile. L'Octroi a été remis en vigueur et constamment appliqué, à Poitiers, depuis l'an VII de la République. Or, si nous avons bonne mémoire, la population de notre ville, qui était de 24,000 âmes au commencement du siècle, atteignait le chiffre de 31,000 habitants en 1860, et le recensement de 1891 portait ce nombre à 38,000. Les autres villes de France ont vu augmenter leur population au moins dans la même proportion ; la preuve en est dans la généralisation du mouvement qui pousse les campagnards à émigrer vers les villes, au détriment de l'industrie agricole.

Ce reproche n'est donc pas plus fondé que les précédents.

.•.

« **Il y a le temps perdu aux portes des villes... les hommes et les animaux exposés aux intempéries. . les colis ouverts...** »

Il est certain que le temps passé à la déclaration et aux vérifications est du temps perdu ; mais si les assujettis prenaient l'habitude de ne plus considérer comme pain bénit toute fraude envers l'Octroi, est-ce que les agents préposés à la perception des taxes ne deviendraient pas plus confiants, et, d'eux-mêmes, ne prendraient pas l'habitude de recourir moins souvent aux vérifications ? C'est le parti pris de la fraude qui rend les agents soupçonneux et méticuleux. C'est donc la mauvaise tendance du public qui crée cet inconvé·nient, et M. Passy a tort de l'imputer à la nature de l'impôt.

En somme, voilà bien du bruit pour quelques minutes perdues. Un peu plus, pour les besoins de sa cause, M. Passy nous ferait croire que c'est le Percepteur qui se transporte au domicile du contribuable pour toucher le montant des taxes directes.

Quant aux **intempéries**, cet argument n'est pas sérieux M. Passy voudrait-il nous faire croire que, quand un habitant de Neuville ou de Gençay amène ses bœufs ou ses moutons à Poitiers, par un mauvais temps, il ne pleut sur cet homme et ses bêtes qu'au moment où ils arrivent aux barrières de la ville? Non, n'est-ce pas? Alors c'est une mauvaise chicane. . ou une boutade ?...

Soyez tranquille, honorable professeur, lorsqu'un homme, un bœuf, ou un mouton, aura marché sous la pluie depuis Gençay jusqu'à Poitiers, ce ne sera pas une station supplémentaire de cinq minutes qui pourra l'enrhumer... s'il ne l'est déjà.

.·.

Il nous reste à examiner deux des autres griefs formulés par M. Passy contre l'Octroi; nous ne manquerons pas de le faire. En attendant, il nous est permis de dire que jusqu'ici, les raisons présentées par l'honorable professeur ne tiennent pas à l'examen.

Nous eussions compris qu'il eût dit : il faut arriver à équilibrer l'Octroi avec plus de justice, si c'est possible ; ou : il faut arriver à la suppression de l'Octroi par le remaniement complet de notre système financier. Nous eussions admis cela.

ERREUR FONDAMENTALE

M. Frédéric Passy prétend, dans un de ses ouvrages, que la perception de l'Octroi absorbe une part énorme du rendement des taxes; c'est même là un des arguments sur lesquels il insiste le plus. Il évalue, à sa façon, la proportion à établir entre le produit brut de l'impôt et le coût de la régie. Tantôt le distingué professeur parle de 50 à 60 pour cent; tantôt il réduit ses évaluations à 20 0/0.

Si M. Passy prouvait qu'il a raison, dans la majorité des cas, en énonçant ces chiffres énormes, nous n'hésiterions pas un seul instant à opiner dans son sens, sans plus nous occuper d'autres motifs; mais, voilà, notre auteur n'a pas cru nécessaire de se donner cette peine; il néglige même de nous indiquer où il a puisé ses renseignements.

C'est très fâcheux, car ces évaluations nous semblent être entachées d'exagération. Nous avons beau être pénétré de respect pour la science du savant économiste, nous ne pouvons accepter comme infaillible une opinion contre laquelle protestent énergiquement notre faible expérience et notre modeste bon sens.

⁂

Nous avons sous les yeux un relevé officiel qui évalue ce rapport pour une trentaine des principales villes de France. La cote la plus élevée que nous y voyons figurer est 17 0/0, la cote la plus basse est 7 0/0. Cela nous donne une moyenne de 12 0/0. Nous voici déjà loin des chiffres de M. Passy.

Mais comme nous traitons la question au point de vue poitevin, il nous est obligatoire de rechercher, au budget de notre ville, les chiffres qui nous sont nécessaires pour éclairer notre jugement.

Il sera facile à chacun de vérifier nos assertions, car nous relevons les chiffres suivants dans le **Compte administratif de 1893**, publié par la Mairie de Poitiers.

RECETTES

Taxes d'abatage.	21.186 58
Taxes principales à l'Octroi.	567.167 32
Droits d'escorte en matière d'Octroi. .	169 »
Droits de pesage aux bascules. . . .	535 »
Taxes additionnelles à l'Octroi. . . .	125.615 60
Taxes principales extraordinaires. . .	89.220 92
TOTAL DES RECETTES. . .	803.894 42

DÉPENSES

Traitements du personnel.	78.100 »
Location de maisons servant de bureaux.	2.800 »
Indemnité de logement.	465 »
Entretien et appropriation des bureaux.	270 »
Dépense relative à l'entrée de la vendange.	60 »
Fournitures de bureau et impressions.	842 55
Chauffage des bureaux.	748 95
Éclairage des bureaux.	292 25
Dépenses diverses.	861 14
Uniformes des employés. . , . . .	2.788 91
Secours et gratifications aux employés.	500 »
Indemnité pour frais d'exercice . . .	1.414 12
Impressions diverses faites par la régie.	1.231 46
TOTAL DES DÉPENSES. . .	90.334 38

⁂

L'exercice de l'Octroi de Poitiers, en 1893, a donc coûté

90,334 fr. 38 pour la perception de 803,894 fr. 42; soit 11,23 pour cent.

Or, les circulaires des 30 avril 1870 et 12 août 1878 admettent, en principe, que tout octroi dont la perception ne coûte que 12 à 15 0/0 du revenu total est régi dans de bonnes conditions. Il nous est alors permis d'affirmer que l'Octroi de Poitiers est très bien géré, puisqu'il coûte moins de 12 0/0.

N'en déplaise à tous les économistes de France et de Navarre.

MONSIEUR TOUT-LE-MONDE

Le plus dangereux des adversaires de l'Octroi, c'est M. Tout-le-Monde ; un personnage complexe, fuyant, qui n'a pas plus tôt attaqué qu'il s'est déjà dérobé ; qui ne veut se donner aucune peine pour apprendre, et, malgré cela, qui parle de tout avec une assurance incroyable.

Tout bien considéré, M. Tout-le-Monde a un motif pour crier : il paye, et il trouve généralement payer trop cher ; alors il se plaint, il gémit, et quelque fois il finit par se fâcher. Certainement c'est son droit de se plaindre, à la condition, toutefois, qu'il veuille bien examiner s'il a raison de le faire.

.:.

Nous avons montré que les habitants des villes jouissaient de nombreux avantages inconnus aux ruraux, et nous avons admis qu'il était équitable de ne faire payer ces commodités que par ceux qui en profitaient. M. Tout-le-Monde, lui-même, est de notre avis sur ce point ; mais cela ne l'empêche pas d'ergoter à l'occasion. Il ne sait pas, plutôt il ne veut pas, dans certains cas, reconnaitre ce qui est exclusivement destiné à ses besoins, et il lui arrive quelquefois, tout en criant justice, de vouloir faire payer par les autres ce qu'il consomme lui-même.

Nous allons prendre deux exemples pour bien nous faire comprendre.

D'abord une utilité qui ne soit consommée que par la population urbaine, sauf de très rares exceptions : l'éclairage municipal, par exemple. Il est bien juste, n'est-ce pas, que ce service soit entretenu aux frais des Poitevins ? Personne ne comprendrait qu'on invitât les gens de Croutelle ou de Saint-Benoist, lesquels ne peuvent sortir de chez eux, dès le soleil couché, sans allumer leur lanterne, à contribuer au payement de la facture soumise mensuellement au Maire de Poitiers par le Directeur de l'Usine à Gaz?

Lorsqu'on la lui présente de cette façon, M. Tout-le-Monde admet la chose; mais nous allons voir qu'il perd rapidement la notion exacte du Tien et du Mien, dès qu'il cesse de s'occuper des détails.

Ce que nous venons de dire de l'éclairage est vrai pour toutes les dépenses communales, puisque nous admettons cette réserve : que les ruraux, eux-mêmes, payent la location de nos Travaux municipaux toutes les fois qu'ils s'en servent pour un usage qui leur est personnel.

Tenez, M. Tout-le-Monde, puisque vous êtes aussi incrédule que l'apôtre Thomas, nous allons vous prouver la participation indirecte des étrangers dans les dépenses de la commune. A propos du pavage, par exemple. Vous dites tous les jours : mais lorsque les ruraux viennent en ville, ils profitent, sans bourse délier, des rues que j'ai créées pour mon usage; ce n'est pas juste, et je réclame. ⁄

C'est entendu, cher Monsieur, réclamez si cela vous plaît. Vous réclamez, du reste, toujours.

Seulement, cette fois-ci vous avez tort.

Ce paysan qui vient en ville et use votre pavé, lequel, soit dit en passant, pourrait être meilleur sans coûter plus cher, ce paysan, disons-nous, est attiré dans vos murs par un motif quelconque? Il est venu acheter quelque chose pour son usage, sans doute? Or, ce qu'il consommera, pendant son séjour dans votre ville, sera grevé des droits d'octroi; le commerçant qui l'hébergera ne manquera pas d'ajouter le coût de la taxe au prix net des aliments qu'il lui aura fournis, et le rural paiera le tout sans y songer, pas plus que vous n'y songiez vous-même.

Mais si notre homme est simplement en promenade? Dans ce cas, il boira, il mangera quand même; sur ces dépenses, il payera encore l'Octroi

Et s'il ne consomme rien? Alors, comme il n'est pas homme à se déplacer sans motifs, c'est qu'il est venu en ville pour votre service Dans ce dernier cas, il travaillera pour vous et ne devra rien payer. Mais, moins il emploiera de temps, étant donnée la facilité des communications, moins il vous coûtera. S'il vous apporte du bois, du vin, ou toute autre marchandise, et que vos rues soient pavées, il n'attèlera qu'un cheval à sa charrette. Au lieu de cela, si vos chemins sont creusés de foudrières, il attèlera deux chevaux et le coût du transport sera établi sur deux colliers au lieu de l'être sur un seul : d'où élévation du prix de charroi. Lorsqu'un seul cheval suffit à la traction de votre vin ou de votre bois, vous ne recevez rien, c'est vrai, mais aussi vos déboursés sont moindres et le résultat est toujours à votre avantage.

Donc, vous devez payer l'établissement de votre pavage et son entretien, puisque les étrangers, lorsqu'ils en font usage, vous apportent leur quote-part.

Vous devez surtout ne pas songer à faire payer les autres à votre place, quand ils ne font que travailler pour vous ; et cela arriverait peut-être si l'on vous écoutait.

L'ALCOOL

C'est encore à vous que nous nous adressons, M. Tout-le-Monde.

Nous vous avons entendu quelquefois tenir le propos suivant : Supprimons les Octrois dans toute la France, et remplaçons-les par une taxe d'État sur l'alcool.

Nous admettons, pour discuter cette opinion, que la surtaxe nécessaire soit calculée de façon à ne pas restreindre la consommation, et qu'elle suffise à donner les millions indispensables à la réforme projetée, ce qui nous semble très peu facile à obtenir. Savez-vous ce qui se produirait M. Tout-le-Monde?

Non, dites-vous? Alors permettez-nous de vous renseigner, et apprêtez-vous à constater combien est injuste le remplacement que vous proposez.

.**.

Vous êtes forcé d'admettre que cet impôt serait inégalement productif. Les départements du Nord et de la Normandie où l'on consomme beaucoup d'alcool: la Bretagne, où ce liquide est la principale boisson de luxe; ces deux régions verseraient de grosses sommes au fisc. Le centre de la France aurait peu à payer: le midi ne donnerait presque rien.

Vous vous figurez bien, M. Tout-le-Monde que, dans la seule ville de Poitiers, la taxe supplémentaire sur l'alcool serait loin de rapporter les sept cent et quelques mille francs de revenu ne. que l'Octroi donne annuellement à la commune. Il vous faut aussi songer que les nombreuses et utiles dépenses que vous avez faites depuis 15 ans sont gagées par des emprunts, dont le dernier ne sera remboursé qu'en 1931.

Cela revient à dire que vous ne pouvez, de longtemps, songer à restreindre vos déboursés annuels, et que l'État, chargé de répartir les allocations aux communes, en proportion de leurs besoins, devra vous verser une somme de beaucoup supérieure à celle qu'il aura perçue chez vous; ou encore, que les Bretons, à moins que ce ne soient les Normands ou les Parisiens, se verront contraints de payer les dépenses que vous aurez jugé utile de faire pour votre usage personnel.

Croyez-vous, si l'on vous prenait au mot, que l'État continuerait à vous laisser libre, dans une certaine mesure, de décider telle ou telle grosse dépense d'embellissement ou d'utilité publique? Que non! Le Ministre des finances, qui serait appelé à payer vos dettes, voudrait avoir le droit de vous guider, surtout de restreindre vos entreprises. Vous vous trouveriez, en abandonnant le principe du budget communal, avoir laissé échapper le peu qui vous reste de vos libertés municipales.

Êtes-vous persuadé maintenant, M. Tout-le-Monde, que le remplacement des droits d'Octroi par un impôt d'État sur l'alcool, serait injuste et dangereux pour vos privilèges? Conviendrez-vous que s'il est impossible, en Droit et en fait, de faire concourir les habitants de Croutelle et de Saint-Benoist au payement d'utilités dont ils ne profitent pas, il n'est guère possible de substituer à ces communes voisines les contribuables de la Manche ou du Finistère?

Réfléchissez donc bien, cher M. Tout-le-Monde, avant de vous récrier. Souvenez-vous surtout que celui qui consomme doit payer, et celui-là seulement. De plus, songez un peu, avant de renier certains avantages dont vous profitez sans y prendre garde.

Nous vous avons prouvé votre erreur dans deux cas différents ; nous aurions pu multiplier les exemples, mais à quoi bon ? Vous pouvez bien faire ce petit travail vous-même ? Il suffit d'un peu de réflexion et de bon sens ; or, vous êtes capable des deux : nous vous connaissons bien.

Sans rancune, n'est-ce pas, M. Tout-le-Monde ?

CALCUL ERRONÉ

Nous avons trouvé que les taxes de Poitiers avaient rapporté, en 1893, la somme de 803,894 fr. 42 c., et que la population agglomérée, sur laquelle ces taxes paraissaient avoir été prélevées, s'élevait, d'après le recensement de 1891, à 28,884 habitants.

Les gens superficiels ne se gênent pas pour dire : Si 28,884 habitants paient 803,894 fr. 42 c., un habitant payera 27 fr. 83 c.

D'abord, les économistes qui tiennent ce raisonnement ont le tort de ne pas joindre le chiffre de la population flottante à celui de la population agglomérée, et ceci pour la raison que nous donnerons lorsque nous ferons la même évaluation selon n : idées. Ce n'est donc plus de 28,884 habitants qu'il s'agit, mais bien de 28.884 plus 5,490, soit 34,374.

Le chiffre des impôts de consommation sera, par tête, alors de 23,38 et non de 27,83, comme certains le prétendent.

Continuant leur opération, les mêmes gens font le raisonnement suivant : Puisque chaque Poitevin paye 27,83, une famille composée de cinq membres payera cinq fois cette somme, ou 139,15. Et c'est de ce résultat que l'on part pour affirmer l'immoralité d'un impôt qui, s'il exige 139.15 d'une famille fortunée, en demande autant à une famille d'ouvriers.

Comme opération arithmétique, ce résultat est irréprochable ; mais en tant que démonstration économique, ce raisonnement ne vaut rien.

Si un pareil calcul était vrai dans toutes ses parties, l'Octroi serait un impôt inique, une monstruosité, et, coûte que coûte. il faudrait s'en débarrasser ; mais cela peut-il être ?

Nous allons bien voir.

.°.

Nous prions nos lecteurs de se souvenir qu'en ce moment nous ne sommes partisan ni de la suppression ni du maintien de l'Octroi ; nous réservons notre jugement. Nous appelons les parties à notre barre, nous les écoutons, et lorsque le débat contradictoire sera terminé nous nous prononcerons.

Rien ne nous presse, aussi prenons-nous notre temps. La question est assez sérieuse pour qu'on l'étudie avec soin.

Ceux de nos lecteurs que notre lenteur ennuiera, pourront envoyer cet écrit au diable. Personne ne leur en tiendra rancune, pas même l'auteur.

.°.

C'est à se demander vraiment si l'Ecole économique, qui se permet des calculs aussi fantaisistes que les précédents. a réellement l'intuition de ce que peut gagner un ouvrier. Comment voudrait-on qu'un journalier pût payer cette grosse somme de 139,15 ? Il nous semble que le bon sens, seul, suffit pour indiquer la fausseté d'une telle supposition

Prenons un bon ouvrier, époux et père modèle, comme nous en connaissons beaucoup, et calculons approximativement la somme qu'il peut dépenser par an.

Il y a dans l'année 365 jours. desquels il faut retrancher 52 dimanches et 8 fêtes légales : restent 305 jours. Nous évaluons à 1/10° des journées, et nous sommes au-dessous de la vérité (demandez plutôt aux couvreurs, maçons, zingueurs, terrassiers. jardiniers, charpentiers, etc.), le nombre des jours de chômage forcé : le résultat de l'opération donne trente-six, qu'il va falloir retrancher de 305. Il nous reste

269 jours, en faisant abstraction des maladies et des accidents toujours à redouter. Taxons chaque journée à 4 francs l'une, pour nous tenir au-dessus de la moyenne : $269 \times 4 = 1076$.

Voilà donc le budget des recettes de notre homme : 1076 francs. Si, comme nous l'avons supposé, cet ouvrier est marié et père de trois enfants, croyez-vous qu'il lui faudra s'écarter du droit chemin pour faire honneur à ses petites affaires ?

Il est fâcheux que, dans la crainte d'ennuyer nos lecteurs par un trop grand étalage de chiffres, nous ne puissions reproduire ici un tableau représentant le budget des dépenses obligatoires auxquelles devra pourvoir le père de famille en question ; on y verrait qu'il reste pour les dépenses de table, pain et boisson non compris, deux cent quarante francs environ.

Et si vous retranchiez de cette modeste somme les 139,15 dont nous parlions tout à l'heure, il ne resterait plus au ménage que 100,85 pour assurer son alimentation. Même en admettant que la maladie ne vienne pas se jeter à la traverse, pensez-vous que cinq personnes puissent se nourrir facilement, pendant un an, avec cela ?

La vérité, la triste vérité. c'est que l'ouvrier consomme relativement peu des articles soumis à l'Octroi. Il ne se nourrit, sauf quelques rares exceptions, que d'humbles mets respectés par le fisc ; son breuvage n'est que de la piquette de fruits. de l'eau ou de la bière faible. Toutes ses consommations sont aussi réduites que possible. Il vit de privations, dans la crainte perpétuelle du manque de travail ou de la maladie, avant-coureurs de la misère L'ouvrier, père de famille, qui parvient à élever ses enfants sans aucune assistance est digne de tous les éloges. Reconnaissons-lui toutes les vertus. toutes les qualités, et convenons, sans flatterie, que son mérite surpasse tout ce que les gens heureux peuvent supposer. Saluons-le, c'est presque un martyr, lorsqu'il est placé dans les conditions que nous avons indiquées. Comment, il est le facteur le plus important de la richesse publique ; c'est sur lui que tout s'appuie ; c'est sur son travail que repose le gain des capitalistes, et c'est lui qui a la moindre part de bonheur ? Hélas, oui ! tout cela est vrai. Faisons tout ce que nous pourrons pour améliorer sa position, c'est le devoir de tous ; mais, pour Dieu ! ne lui mentons pas.

Non, il n'est pas vrai que dans le cas présent, l'ouvrier que nous avons supposé paye 139,15 à l'Octroi.

Il ne paye pas cette somme d'abord parce qu'il ne le pourrait pas ; ensuite parce que les gens aisés et les riches payent eux aussi ; or, la part des derniers allant en augmentant à proportion de leur fortune, étant données le grand nombre des utilités qu'ils consomment, ce qu'ils acquitteront en plus de 139,15 (en admettant que ce chiffre soit exact, ce qui n'est pas), viendra en déduction de la somme que certaines personnes disent être payées par les classes les moins aisées.

Nous verrons, dans la suite, s'il est possible d'évaluer la part d'octroi supportée par les nécessiteux et les ouvriers.

M. YVES GUYOT

Les abolitionnistes de l'Octroi ne jurent que d'après M. Frédéric Passy. mais c'est M. Yves Guyot qui les mène au combat.

Il eut été difficile à nos contradicteurs de faire un meilleur choix. Depuis qu'il s'est rendu célèbre par la rude campagne qu'il mena dans « LA LANTERNE » sous le pseudonyme d'un « Vieux petit employé ». M. Guyot n'a eu qu'à récolter des succès de bon aloi. C'est un général qui porte bonheur à ses troupes. Il faut vraiment que la suppression de l'Octroi soulève des difficultés capitales pour qu'elle ne soit pas encore résolue, depuis que M. Guyot essaye de la faire aboutir.

∴

Un journal poitevin « L'AVENIR DE LA VIENNE » a publié un article dans lequel M. Guyot plaide l'abolition des droits d'Octroi. L'auteur présente cette réforme comme indispensable à la gloire de la République. Cependant, avant de terminer cette page et pour montrer sans doute qu'il tient compte des nombreux inconvénients que rencontrerait son projet dans la pratique, M. Guyot modère sensiblement ses exigences et déclare qu'il se contenterait. au besoin, de mesures partielles indiquant une orientation des communes vers la suppression.

On voit déjà qu'il ne s'agit plus de condamner l'Octroi sans prendre la peine d'instruire régulièrement son procès.

M. Guyot fait profession d'opportunisme économique Pour un radical, ces concessions à la possibilité doivent être dures à confesser. Grâce à son incontestable talent d'écrivain et à sa solide réputation d'économiste éclairé, notre auteur s'est fort bien tiré de ce pas difficile. Cela prouve une fois de plus que ce qui serait imputé à crime chez un conscrit, devient chose louable, dès qu'il s'agit d'un porteur de grosses épaulettes, même dans l'armée de la plume

∴

Nous nous permettrons quelques réflexions sur le rôle joué par le chef actuel du mouvement abolitionniste de l'Octroi, et aussi sur l'article que nous avons déjà visé. Nous sommes certain que le distingué publiciste qu'est M Guyot ne saurait se montrer blessé de nos critiques, dans lesquelles nous n'apporterons, du reste, aucune animosité. Aussi bien, notre adversaire est assez riche de réputation pour que rien de ce que nous allons dire ne puisse, en quoi que ce soit, amoindrir sa haute personnalité.

Nous nous sommes demandé, par exemple, pourquoi M Guyot, qui s'est toujours déclaré partisan de la suppression des Octrois, n'a pas profité de son passage au Ministère pour faire aboutir le projet qu'il caresse depuis si longtemps ?

Raison d'homogénéité de Cabinet, sans doute ?...

A moins que les règles de l'optique ne changent dès que l'on devient Ministre ?

Dans tous les cas, il paraît bizarre que la carrière ministérielle de M. Guyot, restée indifférente à l'Octroi, du moins en apparence, se trouve encadrée entre deux époques pendant lesquelles M. Guyot publiciste a fulminé contre l'Octroi.

Ce n'est qu'un simple rapprochement, mais il vaudrait mieux qu'il ne pût être fait.

Si la raison de Cabinet n'est pour rien dans l'affaire, si les Ministres voient les choses sous le même angle que les non-ministrables, peut être, sitôt que l'on entre dans les Conseils du gouvernement, est-on obligé de compter avec certaines exigences pratiques dont un publiciste peut aisément et utilement se débarrasser ?

Nous ne pouvons répondre, n'ayant jamais été Ministre.

∴

M. Guyot s'étonne de voir que la France ait conservé jusqu'à ce jour un impôt que les autres Nations ont ignoré, ou dont elles se sont débarrassées. l'Italie exceptée.

N'en déplaise à notre honorable contradicteur, il eût été, croyons-nous, nécessaire d'indiquer aux lecteurs que certaines de ces puissances possèdent un système financier différent du nôtre; qu'en Angleterre, par exemple, les budgets communaux étant alimentés spécialement par les impôts directs, il n'y a pas lieu de leur attribuer une part dans les revenus indirects, lesquels constituent les principales ressources de l'Etat.

Certainement, cette constatation n'eût pu qu'éclairer la question.

∴

Nous avons la quasi certitude que l'article auquel nous faisons allusion n'était point fait pour les petites villes de province, mais bien pour Paris et les grands centres. M. Guyot, en l'écrivant, n'avait donc pas l'intention de l'imposer, comme ligne de conduite expresse, aux moyennes et petites communes à octroi. Cela ressort de la lecture des arguments invoqués.

Il n'est pas de question qui change de forme autant et si rapidement que celle de l'Octroi, selon qu'on l'étudie dans des milieux semblables ou différents. Et, voyez l'écueil : on se sert d'une thèse évoquée à propos de Paris Lyon, Marseille ou Bordeaux, où la masse de la population est, en grande majorité, composée d'ouvriers qui supportent tout le poids de l'Octroi, quand, en l'espèce, il s'agit de Poitiers, où les prolétaires sont noyés dans le monde des fonctionnaires, des rentiers et des négociants.

Autre conséquence fâcheuse de ce défaut de concordance entre l'œuvre et le milieu dans lequel elle a été produite : M. Guyot donne, comme exemple, Paris, commune à Octroi entourée d'un grand nombre d'agglomérations communales pourvues elles-mêmes d'Octrois municipaux : c'est-à-dire des populations cherchant à se faire, par représailles, une guerre de tarifs, ni plus ni moins que s'il s'agissait d'États rivaux et indépendants; alors que, pour Poitiers, il ne peut être question que d'une commune dont l'Octroi n'est environné que de communes ouvertes.

Décidément non, cet article n'était pas fait pour Poitiers; nous le regrettons

Voyez où porte l'erreur d'adaptation. — S'appuyant sur ce qui se passe entre Paris et sa banlieue, M. Guyot prononce le mot de **Douane intérieure**, et il s'en sert comme d'un argument principal. Or, il se trouve que ce qui n'est que vraisemblable pour le département de la Seine devient faux, lorsqu'il s'agit de notre ville.

Cette lutte de tarifs entre communes voisines et jalouses est bien, en soi, une gêne pour les transactions ; mais, chez nous, cette lutte ne saurait exister, puisque les Poitevins, dans un assez large rayon, sont seuls à posséder un Octroi.

Quant aux mesures restrictives du commerce, la Loi les défend.

.·.

L'Octroi n'est pas une Douane. Qui dit Douane sous-entend mesure de protection. Or, la législation et la jurisprudence s'opposent à ce que les taxes d'entrée dans les villes puissent jamais produire l'effet de droits différentiels.

Certains objets, parmi ceux que l'État a désignés, sont, il est vrai grevés d'un droit d'entrée, mais c'est à la condition expresse que les objets similaires, fabriqués dans l'intérieur du périmètre soumis aux taxes, supporteront le même droit. Le commerce ne saurait être atteint du moment que la production intérieure est soumise au même traitement que la production extérieure. D'un autre côté, nous n'avons pas à craindre de représailles, n'ayant à nos portes ni voisins rivaux, ni jaloux.

∴

La question des fourrages et des chevaux, telle que l'entend M. Guyot, est inapplicable à Poitiers, tout en restant vraie pour Paris ou un grand centre; nous verrons comment et pourquoi, lorsque nous nous occuperons des garnisons; argument négligeable pour Paris, capital pour Poitiers.

∴

En thèse générale, l'article de l'ancien ministre du commerce — et si nous appuyons sur ce titre c'est que M. Guyot a signé en cette qualité — cet article n'est pas fait pour nous déplaire. Bien au contraire, nous sommes enchanté de lire, sous le couvert d'un des plus grands noms de la Presse économique, que les adversaires de l'Octroi, s'ils parlent de suppression complète, sauraient se contenter, au besoin, de quelques mesures particulières indiquant une orientation vers ce but.

Il nous est agréable de songer que, momentanément, nous nous sentons disposé à dépasser les abolitionnistes dans la voie des réformes. Quoi que nous ne soyons pas partisan de la suppression radicale et quand même de l'Octroi, nous avouons humblement qu'une simple orientation ne pourrait nous suffire.

Nous désirons conserver l'Institution tant que nous jugerons en avoir besoin, mais il nous faut des améliorations dans le sens le plus large, le plus favorable aux classes pauvres, au commerce et à l'industrie.

Notre mot de ralliement n'est pas Abolition, mais Réformes.

TROISIÈME PARTIE

LES EFFETS DE L'OCTROI

REPARTITION DES CHARGES

Ce travail de répartition ne peut être rigoureusement exact. Dans l'espèce, il est impossible de procéder autrement que par à peu près Nos lecteurs comprendront aisément qu'il faudrait être Dieu ou le diable pour deviner quelle est la somme annuellement dépensée par chacun.

Les économistes ne se sont point donné beaucoup de peine pour asseoir leurs évaluations; ils ont considéré la masse des assujettis comme un bloc formé d'unités semblables. Cette seule négligence suffirait, à défaut d'autres raisons, pour nous autoriser à suspecter le bien fondé de leurs affirmations.

.˙.

Nous venons d'avouer qu'un élément important d'appréciation nous échappera en partie, ainsi qu'il échappe à tous ceux qui s'occupent de l'Octroi.

Pour parer à cette difficulté, dans la mesure du possible, nous avons résolu de baser nos calculs sur le total du produit des taxes appliquées aux objets de consommation générale.

Il n'est pas besoin d'être un profond penseur, pour savoir que les groupes sociaux appartenant aux classes aisées consomment des choses n'entrant pour rien dans l'entretien des classes nécessiteuses, et que ces articles, d'autant plus taxés qu'ils sont d'un usage plus relevé ou d'un prix supérieur, n'intéressent en rien la catégorie de citoyens que l'impôt doit le moins atteindre.

On démontrerait aisément combien notre raisonnement est fondé, en faisant remarquer qu'une famille d'ouvriers composera son repas de haricots secs ou de pommes de terre, qui entrent en franchise, alors que les gens fortunés dineront d'un gibier fortement taxé à l'entrée en ville; et, s'il s'agit d'un repas maigre, que les riches auront sur leur table un turbot ou du saumon, poissons payant un droit élevé, tandis que les ouvriers se contenteront de sardines pressées, de hareng et de morue salés, toutes choses exemptes de droits d'octroi.

De plus, il est bon de remarquer que les familles aisées consomment au moins cinq fois plus de viande que les familles ouvrières; mais, suivant la règle que nous avons adoptée pour ce travail, nous remonterons la proportion de 1/5 à 1/3, afin que personne ne puisse suspecter nos évaluations. Nous ne comprendrons donc, dans le total des objets de consommation générale, que les droits perçus sur les 2/3 des viandes vendues à Poitiers. Le troisième tiers se trouvera reporté sur la part d'Octroi payée par les classes fortunées.

Nous avons été plus loin, dans l'ordre des concessions: nous avons admis que les riches ne buvaient pas plus de vin que les pauvres. Nous sommes cependant certain qu'il eût fallu établir une différence entre les deux ordres de consommateurs; mais nous avons voulu, sur ce point encore, qu'on ne pût nous accuser de porter nos préférences sur l'un des côtés de la question.

TAXES D'OCTROI

APPLIQUÉES AUX OBJETS DE CONSOMMATION GÉNÉRALE

Exercice 1893.

Vins	130.590 27
Cidres.	802 67
Huiles comestibles..	8.476 59
Huiles combustibles.	9.089 21
Vinaigres.	3.209 84

ANIMAUX VIVANTS

Bœufs, vaches..	91.070 »	
Boucs, chèvres.	51 75	
Veaux.	36.399 60	
Moutons et brebis . .	17.718 75	
Porcs et truies.. . . .	24.331 80	
Agneaux..	2.187 96	
Chevreaux.	2.593 66	

VIANDES DÉPECÉES

230.145 93
dont les
2/3 sont
de 153.130 62

Bœufs, vaches..	4.952 06	
Boucs, chèvres. . . .	91 46	
Veaux.	1.260 60	
Moutons et brebis. . . .	6.114 02	
Porcs et truies..	10.435 33	
Agneaux..	21 96	
Chevreaux.	153 72	
Viandes salées, charcuterie et graisse..	4.336 76	
Poulets, coqs, poules, canards et lapins.. . . .	28.396 50	

Fromages.	13.793 75
Poisson de mer frais.	19.698 30
Fagots dits racosses	655 98
Fagots de Béruges et autres.	3.935 10
Javelles, brandes, épines et ajoncs. . . .	760 20
Copeaux, souches de vigne et faux bois. . .	631 12
Charbon de bois.	9.315 76
Coke, tourbe..	754 93
Chandelles.	7 32
Huile minérale.	17.203 70
Savons..	13.410 23
TOTAL.	385.174 59

La somme des droits payés à l'Octroi, pour les objets susceptibles d'être acquis par les petites bourses, s'élève donc à 385.171 fr. 59 Mais ces objets représentent des utilités qui ne sont pas exclusivement consommées par cette dernière catégorie d'assujettis, tous les habitants employant ces variétés de denrées et de marchandises. Il nous faut donc, pour obtenir la part afférente à chacun, prendre un chiffre de consommateurs englobant le plus grand nombre possible des individus supportant l'Octroi.

Nous relèverons d'abord la population agglomérée, à laquelle nous joindrons la population flottante, pour éviter de tomber dans l'erreur que nous avons reprochée à certains économistes. En effet, si l'Octroi est dit payé par la population agglomérée, cela n'empêche pas les **flottants** de consommer ce qui a été entré en ville par les habitants du périmètre fiscal; car, si les flottants n'acquittent point de droits aux portes, puisqu'ils ne font pas de provisions, ils n'en remboursent pas moins les taxes qui ont été fondues dans le prix de vente des utilités qu'ils achètent, et de ce fait ils sont, indirectement, partie payante à l'Octroi.

Nous laisserons de côté la population éparse (3,123 habitants), parce que nous supposons que les gens qui la composent peuvent s'approvisionner dans des localités voisines, telles que Saint-Benoist, Lessart, Biard, etc., ou faire leurs achats à des **roulants** venus de villes autres que Poitiers. Nous sommes cependant persuadé qu'une notable partie de la dépense faite par la population éparse intéresse l'Octroi de Poitiers, mais nous voulons laisser encore cette marge à nos évaluations, afin de n'être pas soupçonné de ne laisser rien perdre des avantages que pourraient rencontrer les partisans de l'Octroi.

Les consommateurs des objets d'utilité générale seront donc :

1° Les habitants composant l'agglomération urbaine. 28 884
2° La population flottante. 5 490

Soit. 34 374

La division de 385.174 fr. 59 par 34.374 donnera pour quotient : 11,20.

.·.

Il ressort de nos calculs approximatifs que les Poitevins n'ayant à leur disposition qu'un budget modeste, payent annuellement, par tête, à l'Octroi, et au maximum, la somme de 11,20; et qu'une famille ouvrière composée de cinq membres acquittera un impôt total de 56,00.

Ce chiffre est encore trop élevé, sans doute, mais on nous accordera bien qu'il est éloigné de 139 fr. 15.

DOIT ET AVOIR

Il ne faut pas croire que nous en avons fini avec les calculs, car, si nous sommes fixé sur ce qu'un ouvrier paye annuellement à l'Octroi, nous ignorons encore la moitié de la question; notre attention va se porter sur cette inconnue.

Avant tout, souvenons-nous que l'impôt de consommation désigné sous le nom d'Octroi n'a sa raison d'être qu'autant qu'il permet à la Commune d'offrir à ses membres une somme d'utilités que chacun, quel qu'il soit, serait impuissant à se procurer soi-même.

Nous n'obtiendrons donc le véritable poids de la charge supportée par le contribuable des classes ouvrières et nécessiteuses qu'en mettant la somme versée par lui dans la caisse municipale en regard des utilités que la Communauté lui aura spécialement procurées.

En un mot. ayant calculé ce que l'Ouvrier paye à la Commune, nous devons examiner les services qu'il en reçoit. La balance des deux parties de ce compte devra nous donner la situation exacte, le bilan de l'ouvrier dans ses rapports avec la Communauté.

.·.

Le pauvre, ainsi que le riche, emploie des utilités que nous qualifions de générales. Ainsi que lui. il se sert des voies publiques, de l'éclairage municipal; la force armée protège aussi sa personne et le peu qu'il possède. Il jouit, dans une certaine mesure, des mêmes avantages généraux que le riche, en vertu du contrat, hélas encore trop peu fraternel, qui régit notre Société.

Mais il est toute une série d'institutions qui ont été créées pour l'usage particulier des classes peu aisées. Il y a inscrits, au budget municipal, de longs chapitres rédigés à l'intention des déshérités, et qui sont destinés : soit à armer les enfants du peuple pour les luttes de la vie, comme l'instruction; soit à les assurer contre la maladie, la vieillesse et le chômage, comme l'Assistance publique, les hôpitaux, les travaux d'hiver; soit enfin, à servir aux plus humbles employés de la communauté, ou à leurs veuves, des secours annuels sans lesquels ils ne pourraient vivre.

On nous concèdera facilement, sans doute, que ce sont là des frais que la commune s'impose dans l'intérêt unique des nécessiteux; et si tous les membres de l'Association poitevine concourent à les payer dans la mesure de leurs moyens, les ouvriers, les ménages gênés, les pauvres, sont bien seuls à bénéficier des avantages procurés par ces créations diverses.

Fidèle à notre coutume, qui est de n'avancer rien sans en produire la raison ou la preuve, nous avons résolu de faire passer sous les yeux de nos lecteurs, le long tableau des créations à l'aide desquelles la ville de Poitiers secourt ceux de ses enfants que le sort a traités le plus durement.

EXERCICE 1893

Secours et gratifications aux employés subalternes malades ou chargés de famille. . . .	500	»
Secours aux familles nécessiteuses des réservistes.	1.500	»
Subvention aux hospices.	15.000	»
Journées d'indigents traités dans les divers hôpitaux.	22.000	»
Journées de jeunes filles indigentes au Bon-Pasteur.	2.153	50
Rente aux hospices	500	»
Part contributive de la ville dans les dépenses relatives aux Enfants assistés.	6.158	40
Part contributive de la ville dans les dépenses relatives aux Aliénés indigents.	5.858	53
Subvention à la Société Philanthropique. .	1.500	»
Subvention aux Sœurs de la Miséricorde pour les malades indigents.	2.400	»
Subvention à l'établissement des Sourdes-Muettes de Larnay.	800	»
Fonds d'aumônes à la disposition du Maire	1.200	»
Subvention à la Colonie de Mettray	100	»
Subvention à la Société de Charité Maternelle.	600	»
Subvention à l'Ouvroir de Bienfaisance. . . .	600	»
Complément de pension aux sapeurs-pompiers.	145	»
Secours à trois veuves d'employés d'octroi .	483	»
Secours à la veuve d'un concierge de la Mairie.	250	»
Secours à un ancien employé de la Mairie .	250	»
Assistance médicale et pharmaceutique . . .	3.435	»
Chantiers communaux pendant la mauvaise saison.	11.500	»
Journées d'indigents traités dans divers établissements hospitaliers au compte de la ville .	4.502	90
Journées passées par les indigents au compte de la ville.	1.203	24
Chantiers municipaux pendant la mauvaise saison.	920	»

A reporter. 113.559 57

INSTRUCTION PUBLIQUE

Report.	113.559 57
Bourse de l'Enseignement supérieur.	630 »
Bourse de l'Ecole des Beaux-Arts, à Paris. . .	450 »
Bourses au pensionnat Chamballon.	1.500 »
Subvention aux Sourds-Muets	2.600 »
Ecole des Beaux-Arts de Poitiers. — Personnel enseignant.	6.500 »
Ecole des Beaux-Arts de Poitiers. — Personnel auxiliaire.	900 »
Ecole des Beaux-Arts. — Fournitures aux indigents	600 «
Achats de modèles et d'instruments de mathématiques.	200 »
Achats d'instruments, d'outils et de pierres. .	100 «
Eclairage des classes.	400 »
Chauffage des classes.	199 70
Distribution des prix.	200 »
Ecole Saint-Simplicien, achat d'objets nécessaires aux travaux manuels.	150 »
Indemnité de résidence aux instituteurs et institutrices	12.290 06
Indemnité de logement aux instituteurs et institutrices.	3.130 »
Indemnité à la surveillante de l'école enfantine de la rue Cornet.	590 »
Indemnité pour gages des filles de peine des salles d'asile.	1.100 »
Balayage des écoles communales.	850 »
Achat de matériel pour l'enseignement manuel dans les écoles primaires.	400 »
Loyer de la maison Fouché, école de filles. .	2.300 »
Traitement du professeur de musique vocale, écoles et salles d'asile.	1.900 »
Fournitures classiques aux élèves indigents dans les écoles communales.	5.293 30
Chauffage et éclairage des écoles communales et salles d'asile	2.599 24
Livres pour distribution des prix des écoles communales.	2.399 25
Prix de travail et de bonne conduite aux élèves les plus méritants des écoles communales. .	400 »
Bourse à l'Ecole d'Angers.	300 »
A reporter.	161.426 12

R·port.	161.426.12
Bourses pour les cours professionnels de jeunes filles.	700 »
Travaux des élèves, école municipale des Beaux-Arts	1.500 »
Balayage de l'école du Breuil-Mingot.	100 »
Indemnité au surveillant de l'école des Beaux-Arts.	300 »
Indemnité de logement à la directrice et à l'adjointe de l'école de la Cueille.	400 »
Subvention aux institutrices dont le traitement est inférieur aux prévisions de la loi. . . .	631 25
Indemnité de logement à divers instituteurs et institutrices.	978 35
Prix des écoles communales	399 60
Bourses de jeunes filles (école professionnelle Chamballon).	600 »

DIVERS

Frais de bureau du Conseil de Prud'hommes. .	1.500 »
Subvention à M. B. (Ecole des Beaux-Arts, Paris)	900 »
Subvention à M. O.	750 »
Id. à M. G.	250 »
Id. à M. B.	150 »
ENSEMBLE.	170.585 32

On voudra certainement constater avec nous qu'il n'y a pas, dans cette longue liste de dépenses, un seul article dont l'objet soit commun aux classes aisées et aux nécessiteux.

Nous croyons pouvoir affirmer que ces 170,585,32 sont réellement destinés aux employés subalternes, aux ouvriers et aux pauvres.

Cette somme importante, que la commune prélève annuellement sur son budget, a donc une fonction ; c'est absolument comme si chaque habitant versait une somme quelconque, moyennant laquelle, en vertu d'un contrat passé avec la communauté, il serait assuré de pouvoir faire ins-

truire ses enfants, de se procurer du travail pendant l'hiver,
et, la vieillesse venue, de ne pas être exposé à mourir de
faim ou de froid au coin d'une rue.

Combien pensez-vous, lecteur, que sur une population de
33,000 habitants on puisse trouver, à Poitiers, de gens vivant
comme la généralité des ouvriers, ou même, si c'est possible,
vivant moins bien ? Nous croyons qu'il faut en compter la
moitié, pour faire une évaluation très large et n'avoir pas à
être suspecté de partialité. Or, la moitié de 38,000 est de
19,000 : mettons 20,000.

Si nous divisons 170,585 par 20,000 nous aurons 8,52 comme
résultat, et cette somme représentera ce que la commune
dépense pour chacun de ses membres les moins fortunés.

Maintenant, si des 11,20 représentant ce que paye l'ouvrier,
à l'Octroi, nous retranchons les 8,52, montant de cette sorte
de prime d'assurance dont nous avons parlé, nous trouvons
que la part exacte de l'ouvrier dans le payement des services
généraux de la commune est, au maximum, de 2,68.

Ce qui doit être la vérité, ou Barème n'était qu'un fieffé
menteur !

N.-B. — Prière de remarquer qu'il n'est tenu nul compte,
dans ce calcul, des 25,000 francs que distribue annuellement
le Bureau de Bienfaisance de Poitiers, à l'aide des ressources
qui lui appartiennent en propre ; non plus, que des aumônes
très importantes faites par la charité privée.

ANGLETERRE

C'est vrai, l'Angleterre ne connaît pas l'Octroi. Les barrières de ses villes et de ses bourgs ne sont pas gardées par des agents. Le voyageur qui passe, pressé d'entrer en ville, ne s'entend pas héler par le sacramentel : Vous n'avez rien à déclarer ? Le charretier qui traverse la commune anglaise entre et sort comme il le veut, quand il juge bon de le faire, sans avoir à prendre de passe-debout. L'Anglais va de sa maison de campagne à sa maison de ville, comme nous allons de notre domicile à notre cercle, sans redouter que la main d'un employé du fisc vienne ouvrir ses malles, fouiller son linge, sonder ses provisions. Ce sont autant d'inconvénients que nos voisins ne connaissent pas.

Mais l'Angleterre, aussi bien que la France, a cependant un budget général ? Ses communes ont aussi des budgets particuliers. Quels moyens a-t-on employés, de l'autre côté du détroit, pour épargner les formalités à l'entrée des villes, et, mieux que cela, pour éviter d'avoir recours à l'Octroi ?

C'est qu'en Angleterre, le système financier en vigueur est le contraire du nôtre, quant à l'attribution des taxes. L'impôt de consommation va au Gouvernement, alors que l'impôt foncier est attribué aux communes. La commune anglaise est plus libre que la commune française ; elle peut entreprendre tels travaux qu'elle juge nécessaires sans solliciter l'autorisation de l'État, dans la plupart des cas : même il lui est loisible de se procurer des ressources, au moyen de taxes temporaires, sur tel ou tel chapitre.

Supposons que le procédé anglais soit appliqué en France. dans la mesure du possible ; que, demain, l'impôt de consommation aille dans la caisse de l'Etat, et que l'impôt direct, seul, soit encaissé par la ville. Qu'arrivera-t-il ?

C'est que le produit normal des centimes additionnels, dans la commune de Poitiers, ne suffira pas à payer les dépenses communales, — l'Etat français, dans la situation actuelle de son budget, ne pouvant faire le sacrifice de la somme totale qu'il retire de l'impôt foncier, — et qu'alors, la municipalité se verra contrainte de se créer des ressources supplémentaires.

Admettons que nos administrateurs s'en tiennent à l'impôt foncier et obtiennent des Pouvoirs publics — ce qui nous semble impossible — une majoration suffisante des centimes communaux.

Que se produira-t-il ?

Nous avons déjà reconnu que le propriétaire foncier n'acceptera pas une diminution de son revenu, surtout à l'époque actuelle, où la propriété est dépréciée d'un tiers au moins, et où le taux de l'argent est en décroissance constante, alors que monte toujours le prix des choses nécessaires à la vie. Que fera-t-il donc ? Il payera parce qu'il y sera contraint, en vertu du principe reconnu au commencement de ce travail : que la propriété foncière ne se défend pas ; qu'elle peut être absorbée, mais qu'elle obéit au fisc. Puis, pour défendre son revenu, le propriétaire se fera rembourser, par son locataire, les taxes qu'il aura payées.

Or, comme tous les petits fonctionnaires, les ouvriers, les besogneux, sont locataires de quelqu'un, et qu'ils sont 20,000, ils se trouveront payer la plus grosse part de l'impôt.

..

Supposez maintenant que, le commerce étant libre, certains négociants jugent bon de garder par devers eux le produit de la détaxe de l'Octroi ; vous serez arrivé à cette monstruosité : qu'en voulant alléger le pauvre, vous l'aurez condamné à payer deux fois la même somme, sous deux formes différentes.

La concurrence empêchera cela, dites-vous ? Espérons-le, mais ne nous y fions pas.

Il y a deux ans, par suite de l'absence des fourrages, la viande sur pied s'est vendue un prix dérisoire : 0 fr. 40 le kilo. Qu'ont fait les bouchers ? Ils ont gardé presque tout le bénéfice résultant de l'écart énorme entre ce prix et le coût habituel. Ils n'ont baissé leurs prix de vente de 0,20 c. par kilo, que pendant un mois, et sur l'invitation de la Municipalité. Croyez-vous, si l'on supprimait les droits d'Octroi, que les bouchers feraient à leurs clients la diminution de 0 fr. 025 c. par livre que représenterait cette suppression ? Evidemment non.

Un autre exemple : les droits d'Octroi sur les huiles minérales ont été diminués de 3 fr. 50 par hectolitre, et cela l'an passé ; avez-vous entendu dire que les vendeurs au détail aient diminué leur marchandise de 3 centimes 1/2 par litre ?

Non, n'est-ce pas ?

Vous voyez donc bien qu'il serait très possible que l'adoption par la France du régime anglais n'eût pour conséquence que de favoriser l'intermédiaire, le négociant au détail, peut-être aussi le gros consommateur dans certains cas, alors que le petit consommateur. l'ouvrier, continuerait à payer toujours le même prix. Et comme, d'un autre côté, le propriétaire ferait retomber sur son locataire les impôts fonciers qu'il aurait acquittés, ceux que vous désirez favoriser seraient, au contraire, grevés à nouveau.

Il est vrai que l'exercice aurait été supprimé. A ce compte, un progrès serait réalisé ; mais est-ce bien principalement pour cela que les adversaires de l'Octroi sont partis en guerre ?

Nous savons que ce n'est pas là leur seul but. Il s'agit aussi de dégrever les ouvriers, les nécessiteux et les pauvres.

Cherchons donc la résolution de cette dernière partie du problème, nous y arriverons sans doute, mais quelque chose nous dit que ce ne sera pas par l'adoption du système anglais.

Il est une vérité dont il faut se pénétrer : les prix des marchandises s'établissent à la longue, par rapport aux données économiques du pays en cause à la production, à la consommation, et aussi à l'habitude. — Les variations de ces prix obéissent bien à des fluctuations, mais seulement lorsqu'elles sont d'une certaine importance. Les changements de valeur au-dessus de la cote moyenne sont toujours plus francs, plus nets, plus apparents que les variations au-dessous. Il y a même un minimum de prix au-dessous duquel une marchandise ne descend jamais. Ce plus bas prix est connu et reste fixe tant que la qualité marchande de l'article se maintient

Soyons juste, il est des diminutions qui deviennent impossibles parce qu'elles arrivent à égaler des fractions peu facilement divisibles par l'unité de poids. — témoin celle que nous avons signalée sur les huiles minérales — Acheteurs et vendeurs les négligent. et. au bout de l'année, le vendeur se trouve avoir encaissé un bénéfice supplémentaire

.·.

Nous dirons, à la fin de ce travail, pour quelle résolution de la question nous penchons. Tout ce que nous voulons déclarer. pour l'instant. c'est que nous n'avons nulle confiance dans les révolutions financières brutalement accomplies Le monde économique porte en soi ses causes de mouvement ; il ne faut pas les méconnaître sous peine de faire de cruelles écoles d'enregistrer de graves mécomptes. C'est surtout dans ces questions de finances, qui intéressent profondément la vie des communes, et par contre-coup l'existence de la Nation, qu'il convient d'être prudent.

BELGIQUE

En Belgique, les choses se sont passées tout autrement qu'en Angleterre. L'abolition de l'Octroi n'a pas été la conséquence d'un régime fiscal déjà ancien et se développant naturellement, mais le résultat d'une révolution financière que nous allons passer rapidement en revue.

La question de l'abolition de l'Octroi vint devant les Chambres Belges au mois de mars de l'année 1860. Le Gouvernement, tout en rechignant, obéit à la poussée des masses populaires. La majorité des Députés vota la suppression. Comme conséquence de ce vote, l'Etat pourvut aux dépenses des communes de la façon suivante; il leur abandonna :

40 0/0 du produit des portes et fenêtres. . .	1.500.000 »
75 0/0 du produit des douanes sur les cafés.	2 000.000 »
31 0/0 sur les vins et eaux-de-vie imposés à la frontière	860.000 »
Sur les droits d'accise des eaux-de-vie indigènes	2.840.000 »
Sur les droits d'accise des bières.	6.100.000 »
Sur les sucres.	700.000 »
ENSEMBLE.	14.000.000 »

Au moment de la suppression, la Belgique possédait 2,538 communes comptant 4,623,089 habitants. Sur ce nombre total, 78 communes urbaines, comptant 1,222,991 habitants, étaient soumises aux droits d'Octroi; et le produit des taxes y avait été, pour l'année 1859, de 10,876,085 fr.

Nous retrouvons là une des injustices que nous avons précédemment signalées. Voici 78 communes qui se suffisent amplement : une loi supprime leurs revenus particuliers, et les législateurs ne trouvent rien de mieux à faire que d'alimenter les caisses de ces Communes urbaines à l'aide d'une partie des impôts d'Etat. C'est-à-dire que la Loi mit 3,400,098 ruraux belges dans l'obligation de contribuer à la création d'utilités que désiraient 1.222 991 citadins, pour leur usage personnel.

Ce pas de clerc financier fut vite dénoncé.

Sous le poids des revendications rurales, les députés furent contraints d'attribuer aux petites communes une somme de 3,000,000.

Le remède n'en laissait pas moins subsister un abus. En somme, l'Etat accordait 3.000,000 à une population suburbaine de 3.400.098 habitants; alors que 1.222.991 urbains recevaient plus de 6,000,000.

Comme dans la vieille chanson, le pauvre paysan était condamné à payer sans savoir pourquoi.

Il paya; il paye encore.

.˙.

Mais comme on ne songe jamais à tout, même en Belgique, on ne tarda pas à reconnaître l'insuffisance de l'expédient employé.

En Belgique, ainsi qu'en France, les villes exercent sur la masse rurale une grande attraction. De jour en jour, les campagnes se dépeuplent au profit des agglomérations urbaines. Et quand la population d'une cité s'accroît, le total des dépenses municipales s'élève dans la même proportion. Du moment que l'Octroi n'existait plus pour maintenir la proportion constante entre les dépenses et les recettes, le déficit apparut. Grand émoi, lorsque les villes s'aperçurent que la subvention fixe de l'Etat ne suffisait plus. Le gouverne-

ment, sollicité d'intervenir, fit le sourd. On s'adressa aux
Chambres. Le Parlement déclara qu'il avait pris des dispo-
sitions à l'égard des Communes, une fois pour toutes, et que
si les villes avaient besoin d'argent, il ne leur restait qu'à en
trouver chez elles.

Il fallut bien créer des ressources. En 1845, Bruxelles fut
obligée de greffer un impôt municipal sur les successions ouvertes dans l'enceinte de la Commune, en augmentation de
l'Impôt d'Etat déjà existant; l'année suivante vit créer l'impôt sur les voitures, et depuis, de nouvelles taxes ont été encore établies.

Liège et Verviers suivirent l'exemple de Bruxelles et mon-
trèrent le chemin aux autres communes.

.·.

En résumé, les Belges s'étaient trop vite **emballés**.
Ils avaient été séduits par ce mot magique « Suppression de
l'Octroi ».

Hélas! il ne suffit pas de supprimer les recettes quand
les dépenses subsistent et ne font que croître.

Il faut songer à payer.

Le système belge nous semble peu recommandable. Il est
vicié à la base. Tant que les habitants des communes urbaines pourront faire payer une partie de leurs dépenses municipales par les contribuables des communes rurales, nous
crierons à l'injustice, et nous nous garderons de conseiller à
nos concitoyens l'imitation de cet exemple.

En politique, toutes les opinions sont permises, pourvu
qu'elles soient sincères et respectueuses des autres opinions.

En matière de finances, cela ne suffit pas. Il faut absolument que toutes les mesures prises soient honnêtes et justes,
et, comme s'il s'agissait de la femme de César, cette honnê-
teté doit être assez éclatante pour défier tout soupçon.

CAUSONS

—

Causons un peu. Vous le voulez bien, cher lecteur? Oui?... Parbleu, nous en étions sûr. Mettez-vous d'abord à votre aise, c'est indispensable pour avoir l'esprit libre; et si vous n'y voyez pas très clair, mettez vos besicles, car nous allons encore avoir des chiffres à examiner ensemble.

Bon! voilà que vous faites la grimace. Pourquoi? Vous savez pourtant qu'on ne peut parler d'impôts sans faire des chiffres..... Et puis, ce sera la dernière fois.

Or, ça, comme disait maître François Rabelais, Oyez :

...

Nous allons procéder comme les mathématiciens lorsqu'ils jugent la marche directe trop ardue, nous supposerons la question résolue; vous verrez comme c'est commode.

Donc, l'Octroi est supprimé. La caisse municipale s'emplit cahin-caha, et, depuis l'accomplissement de la grande réforme, notre excellent Receveur a quelques cheveux blancs. Quoi d'étonnant! Ah! ce n'est plus comme du temps de ce coquin d'Octroi, qui ne dîmait les assujettis que lorsqu'ils avaient de l'argent; tous les samedis, la caisse s'emplissait alors. Aujourd'hui, on demande, d'un coup, une certaine somme au contribuable; ce dernier n'est pas toujours prêt à payer, ce qui fait qu'on doit l'attendre, tant et si bien, qu'à la fin de l'année il y a beaucoup de taxes irrécouvrées et..... irrécouvrables.

Mais si l'Octroi n'existe plus, par quoi est-il remplacé?

Nous ne savons pas bien. Nous entendons parler de taxes baroques inventées par les cent mille diables d'enfer. Tenez, entre autres, il en est une que M. Passy découvrit jadis : **l'impôt sur les cheminées**. Quelle drôle d'idée! La nouvelle organisation prétend vouloir protéger le pauvre, et elle lui fait payer un droit pour la cheminée dans laquelle, n'ayant pas le sou, il n'allume jamais de feu. Ça ne fait rien, le foyer du mendiant paye comme celui du riche.

Du même coup, afin de prouver qu'en supprimant l'Octroi on voulait débarrasser le public de pratiques gênantes, on a cessé l'exercice aux barrières de la ville. Mais, comme l'on s'est aperçu que dans beaucoup de maisons les carneaux de plusieurs cheminées étaient amenés dans un seul conduit, on a pensé que les agents du fisc seraient volés s'ils contrôlaient de l'extérieur; on a donc décidé le contrôle des foyers à l'intérieur des habitations.

Ce qui revient à dire : qu'on empêche l'employé d'Octroi de vous arrêter aux portes de la ville, pour l'envoyer inspecter votre domicile; ou autrement : qu'au lieu d'exercer les 1.500 individus qui sont susceptibles d'introduire des marchandises dans le périmètre fiscal, on exerce les 38,000 habitants de Poitiers. O logique!

Enfin le moment est donc arrivé où la fonction d'Inspecteur des cheminées de la République n'est plus une simple fumisterie.

Heureuse France!

.•.

Il y a eu d'autres trouvailles. Frappé de ce que le contribuable ne payait pas assez cher l'air qu'il respire, le fisc a doublé ou triplé l'impôt des portes et fenêtres.

A-t-on seulement songé à distinguer les ouvertures des hôtels luxueux de celles des masures? Ce n'est pas certain.

Comme depuis la réforme, l'avoine, la paille, le foin entrent en franchise, et que la possession d'un cheval indique une certaine fortune, ou l'exercice d'un métier, source de gains, on a imposé les chevaux.

C'est très bien, mais comment s'est-on arrangé avec l'armée? Car, enfin, les fourrages militaires étaient, autrefois, taxés entre les mains de l'entrepreneur, lequel versait à l'Octroi une gros-e somme par an. — D'un autre côté, c'est l'Etat qui est propriétaire du cheval. – L'Etat paye-t-il? — Mais non — Alors, comment faites-vous pour retrouver la somme abandonnée?— Abonnez-vous l'entrepreneur d'après le nombre des chevaux en service? — Dans ce cas, vous devez contrôler les mutations de la cavalerie?

Alors, non contents d'exercer 38.000 habitants à propos de leurs cheminées, vous exercez encore les écuries?

Si vous appelez cela de la simplification...

.·.

Grâce à ces taxes merveilleuses, vous pensez épargner les 90.300 francs que vous coûtait la perception de l'Octroi.

Erreur, citoyens, erreur!

.·.

Vous cessez de payer les appointements de l'ancien personnel, c'est vrai; mais vous n'êtes pas quittes envers lui. Trente-huit des employés de l'Octroi sont en fonctions depuis plus de dix ans; vous leur devez des retraites, et la somme nécessaire pour assurer ce service s'élève à 20,000 francs, qu'il vous faut annuellement inscrire au budget, la vie de ces anciens serviteurs durant, car la caisse des retraites suffit à peine à ses charges actuelles.

Il vous reste ensuite 4 agents ayant de 7 à 8 ans de service; 8 qui comptent de 6 à 7 ans; et 7 ayant, en moyenne, 3 années de présence. Pour ceux-ci, la ville ne leur doit qu'une indemnité de renvoi. En admettant la proportion suivie, dans un cas semblable et récent, par la ville d'Elbeuf, vous aurez à compter, de ce chef, sur une dépense immédiate de 9,000 fr.

Nous négligerons ces 9,000 francs, pour ne retenir que la somme de 20,000 francs affectée au service des retraites des 38 agents employés, depuis plus de 10 années, dans l'administration.

Et comme vous avez dû charger quelqu'un de la perception des taxes de remplacement, vous dépensez pour ce service, une certaine somme? Soyons raisonnable et mettons 25,000 fr.

20,000 + 25,000 = 45,000. Vous économisez donc 45,300 francs sur les frais de perception. Joignons à ce chiffre 2,500 francs représentant le loyer des quelques immeubles que louait la ville pour l'établissement de ses postes d'Octroi, ajoutons-y autant. pour représenter la valeur locative des immeubles municipaux désaffectés, et vous aurez un total de 50,300 francs d'économie.

C'est un joli denier !

POPULATION FLOTTANTE

Maintenant, nous allons compter ce que vous avez perdu.

Vous avez dû perdre le rendement des fourrages militaires? Car, lorsque vous êtes allé trouver l'Entrepreneur, ce brave homme vous a dit, d'un air narquois, qu'il ne vous devait rien... ou à peu près, vos taxes portant sur les propriétaires de chevaux et non sur les marchands d'avoine. Or, comme il n'a que cinq chevaux à son service, il a déclaré ne vouloir payer que cinq taxes. C'était juste. Alors, vous avez été trouver le Ministre de la guerre qui vous a déclaré : Je ne vous dois rien, aujourd'hui pas plus qu'hier; fichez-moi la paix où j'envoie mes artilleurs à Châteauroux... et vous n'avez plus rien dit.

Vous avez même très bien fait.

Cela n'empêche pas que la suppression de l'Octroi vous prive des ressources suivantes :

DROITS PRÉLEVÉS

Sur la nourriture et l'entretien de 1630 chevaux d'artillerie.	73.097 35
Sur la nourriture et l'entretien de 32 chevaux d'officiers d'infanterie.	1.197 20
Sur la nourriture et l'entretien de 32 chevaux d'officiers sans troupe	1.476 06
Sur la viande, le vin et l'alcool consommés aux cantines.	3.212 »
Sur les dépenses annuelles des 270 officiers de la garnison, assimilés à la moyenne des contribuables des classes aisées	10.891 80
Sur la nourriture (viande et vin) de 4 665 hommes de troupe.	53.992 66
Sur le combustible, au minimum.	35 »
Sur l'éclairage, au minimum.	35 »
Pour la garnison. . .	143.937 07

En outre, le Cours pratique de Tir amène annuellement, dans votre ville, 3·0 officiers de toutes armes. Chacun reste deux mois à Poitiers; cela équivaut à 50 officiers tenant garnison, ci. . . . .   2.017 »

Chacun des officiers du tir pratique ayant un cheval à son service, et chaque cheval d'artillerie rapportant autrefois 44,84, la nouvelle perte à enregistrer sera de. . . . .   2.237 »

Enfin, pour les ordonnances de ces officiers, supposons 50 hommes en plus dans la garnison de Poitiers. 578 69

Pour le service de Tir pratique. . .   4.832 69

.·.

Voulez-vous vous souvenir qu'à Poitiers il y a environ 200 étudiants étrangers à la localité; qu'il y passe, à peu près, 6·voyageurs de commerce par jour; une centaine d'étrangers, touristes et autres, logés dans les hôtels; une autre centaine, au moins, qui logent et mangent dans leurs familles ?

Ajoutez à ces gens : 150 ou 200 prêtres qui viennent annuellement faire une retraite à Poitiers; environ 6,000 réservistes ou territoriaux qui accomplissent des périodes d'exercices militaires dans les régiments de la garnison; des fonctionnaires en tournée d'inspection; 2,500 jeunes gens, le plus grand nombre accompagnés d'un parent ou d'un surveillant, qui, tous les ans, subissent des examens devant notre Université; des personnages politiques amenés par les différentes administrations dont Poitiers est le siège; des jurés, des plaideurs, etc., etc

Et ce n'est pas tout. Il faut encore compter les 200 négociants qui, deux fois par semaine, prennent part à nos marchés; les 1000 étrangers attirés par chacune de nos huit petites foires; les 10.000 individus venus de tous les points, pour les 4 grandes foires; les pèlerins attirés par les églises... que sais-je encore ?..

Tous ces gens vivaient largement et payaient l'Octroi, indirectement, pendant la durée de leur séjour. Maintenant ils vous échappent, et continueront à vous échapper, à moins que vous n'obligiez chaque étranger à venir se faire timbrer à l'Hôtel-de-Ville, le premier jour de son arrivée; encore faudrait-il que le timbre se portât dans le dos, ou sur la coiffure!...

Mais ceci n'est qu'une plaisanterie. Voyons, combien pensez-vous que cette population, éminemment flottante, représente de résidents aisés ? 2,000?... Mettons 1,500, et, quoique ces gens payent à l'Octroi plus que la moyenne établie, comptons avec ce même chiffre, pour ne pas être accusé de partialité. 1,500 × 40,34 = 60,510,00.

Donc vous perdez du chef de la population flottante :

1° Sur la population militaire stable. . . .	143.937 07
2° Sur la population militaire flottante. . .	4.832 69
3° Sur la population civile flottante. . . .	60.510 »
TOTAL.	209.279 76

De laquelle somme il convient de retrancher :

Economie sur le personnel employé à la perception de l'Octroi.	50.300	
Frais de casernement.	32.000	82.300
RESTE.		126.979 76

Or, ce reste, c'est ce que vous devrez payer pour ceux qui ne payeront plus; et s'il est juste d'exonérer des impôts ceux qui souffrent et sont privés de tout, il est insensé de faire des cadeaux à des gens qui ne les sollicitent point et n'en ont nul besoin.

Et maintenant, si vous avez compris, vous pouvez serrer vos besicles.

QUATRIÈME PARTIE

CONCLUSIONS

ELBEUF ET LYON

Si nous en avions le moindre désir, l'occasion serait belle pour prendre la tangente et renvoyer aux calendes grecques la date de nos conclusions. Dame ! écoutez donc, ce serait peut-être excusable ? La question est brûlante et, sans être pusillanime, on peut craindre de laisser dans la bagarre une partie du crédit que l'on se croit accordé pas ses lecteurs.

.·.

La ville d'Elbeuf vient d'être autorisée, le 1er janvier dernier, à supprimer ses taxes d'Octroi, sur la demande qu'elle en avait formulée le 11 juillet 1890. Mieux que toute autre commune, elle pouvait se payer ce luxe. Le 31 décembre dernier, Elbeuf avait définitivement soldé tous ses emprunts, et les 31 centimes additionnels inscrits à son budget devenaient sans emploi Que fit le Conseil municipal ? Il vota 8 nouveaux centimes, qu'il joignit aux 31 déjà portés au budget communal, et, à l'aide de ces ressources disponibles, décida la suppression **partielle** de l'Octroi. Remarquez qu'en créant 25 autres centimes, la suppression pouvait être complète. Les édiles n'osèrent pas aller jusque là ; les Elbeuviens se montrant déjà mécontents de l'aggravation des taxes foncières.

Après quelques jours d'un **emballage** bien compré-
hensible chez une population chauffée à blanc par une presse
qu'enthousiasmait la mesure, les esprits les moins prévenus
commencent à reconnaître que les prix des objets de consommation tendent, tout doucement, à reprendre leur assiette
ordinaire (1).

De tous les produits autrefois tarifés, les huitres seules,
qui supportaient un droit d'entrée de 2 fr. par cent, ont vu
diminuer leur prix de 0,25 c. par douzaine. Il nous semble
que la montagne en travail nous devait mieux qu'une souris.
Dans tous les cas, ce résultat ne doit intéresser que médio-
crement les classes ouvrières.

D'où vient que la suppression ne donne aucun des avantages recherchés ? Les raisons que nous avons avancées dans
cette modeste étude seraient-elles aussi concluantes que nous
le supposions ? Le bénéfice causé par le dégrèvement irait-il
donc vraiment, après quelques jours de démonstration tapa-
geuse, s'engloutir dans la caisse de l'intermédiaire ?

Et, tenant compte de la situation si différente, au point de
vue financier, d'Elbeuf et de Poitiers, n'est-on pas en droit,
en constatant ce résultat si maigre, de se demander s'il est
prudent, pour courir la chance de récolter si peu, de semer
le trouble dans les finances d'une ville qui a pris l'engage-

---

(1) Pour expliquer cela, il faut se souvenir de l'existence de cette loi
économique qui, étant donnée la facilité des transports, tend à niveler
les prix dans toute l'étendue d'un pays. Admettons que la suppression
ait amené, à Elbeuf, une baisse notable sur les prix des articles précédemment imposés, que se serait-il passé ? Immédiatement, la consommation de ces objets aurait augmenté dans une grande proportion et
l'affluence des demandes aurait nécessité, sur le marché, un mouvement
de hausse qui ne se serait arrêté que quand les prix d'Elbeuf seraient
arrivés à égaler les prix payés dans les autres communes de la région.
Les suppressions partiellement locales, sont donc condamnées à
n'offrir aucun avantage. Seule, en admettant, par impossible, que les
détaillants voulussent faire profiter le public de la décharge, une suppression générale pourrait donner des résultats; mais il faudrait
encore, pour cela, que la situation financière des communes fut par-
tout également favorable. Est-ce le cas en ce moment ? Nous croyons
pouvoir affirmer que non. (C. F.)

ment ferme de payer, en 36 années, la somme énorme
de 8,726,081,68 ?

٠٠

L'exemple de Lyon ne prête-t-il pas aussi à de sérieuses
réflexions ? Le Conseil municipal de cette grande ville est
radical-socialiste ; c'est dire que le sort des ouvriers l'intéresse au plus haut degré. Un jour, sous le coup d'un vent de
philanthropie très louable, le Conseil avait demandé la suppression des Octrois. Depuis, ce vœu paraissait avoir été
oublié, ni plus ni moins que s'il avait été produit par un
Conseil d'arrondissement.

Mais les Ministres, malins — un Ministre se révèle toujours malin de naissance dès qu'il s'agit d'embêter le public,
— agacés par la collection d'interpellateurs automatiques que
possède la Chambre, décidèrent de faire **l'essai** de la suppression des Octrois. Les amateurs de réformes quand
même applaudirent à outrance : les Ministres ne firent rien
pour décourager ces braves gens, sachant bien que, dans
tous les cas, le Gouvernement gagnerait à cet essai un peu
de tranquillité.

Cela fait, le Cabinet exhuma le vœu des Lyonnais et envoya,
aux habitants de la seconde ville de France, l'autorisation
qu'ils n'attendaient probablement plus.

En effet, les Lyonnais nous paraissent peu pressés de faire
l'épreuve. Peut-être craignent-ils d'avoir à payer les pots
cassés ? Pour l'instant, ils ruent dans l'avant-train au lieu
de tirer droit (1).

Au Gouvernement qui leur **permet**, sur le ton d'une

---

(1) Cet article était écrit pendant les pourparlers que la commune de
Lyon avait engagés avec l'État, aussitôt après le décret autorisant
l'essai officiel.

Depuis cette époque, le Conseil municipal de Lyon s'est bravement
mis à l'œuvre, et l'essai loyal est pratiqué. Quel résultat donnera-t-il ?
Nous pensons qu'il ne différera en rien des essais antérieurs.

Les mêmes causes produisent toujours les mêmes effets (c.).

injonction, de supprimer les taxes d'Octroi, ils répondent : c'est à vous de commencer et nous continuerons. Supprimez d'abord les droits que vous percevez sur les boissons.

Gouvernement et Municipalité vont sans doute jouer à cache-cache le plus longtemps possible ? Cependant, le moment viendra bien où il faudra aller de l'avant..., se déclarer d'une façon ou d'une autre ?

Songez que la question est encore plus intéressante pour Lyon que pour Poitiers. La population de la deuxième ville de France est, aux 3/4, composée d'ouvriers, et on ne s'expliquerait guère l'hésitation du Conseil municipal de Lyon, s'il était prouvé que la suppression autorisée dût infailliblement contribuer à l'amélioration du sort de 300,000 de ses administrés.

.'.

On le voit. point ne serait besoin d'autres raisons pour nous autoriser à dire à nos lecteurs, si nous en avions la moindre intention : Nous étions prêt à conclure lorsque les essais qui vont être pratiqués à Elbeuf et à Lyon nous ont été annoncés; dans ces conditions, à quoi serviraient des conclusions qui ne pourraient s'étayer que de théories ? Attendons donc.

Ce serait habile; mais ce ne serait pas honnête.

.'.

Nos conclusions paraîtront donc à la fin de cette étude. En attendant, nous nous permettrons de dire un mot du sentiment qui les dictera, comme il nous dicte en toute occasion nos convictions politique et économique.

Nous tiendrons à honneur d'envisager tout spécialement l'intérêt des ouvriers poitevins. que nous connaissons pour avoir longtemps vécu au milieu d'eux; mais aussi, nous nous ferons un devoir de nous souvenir que leur cause est intimement liée à celle des autres habitants de notre ville.

Nous ne sommes point de ceux qui séparent la société en

deux camps ennemis; au contraire. nous croyons utile et possible de protéger les prolétaires sans que ce soit aux dépens des classes aisées. Améliorons le pacte social, si nous le pouvons; mais si nous ne devons que mettre la Société actuelle la tête en bas, mieux vaut rester tranquilles.

Jusqu'à preuve du contraire. nous croirons qu'il doit exister un moyen d'unifier politiquement et socialement la Nation française Nous sommes certain que c'est à le chercher que doivent être employés les efforts de tous les hommes de bonne volonté.

C'est l'idée qui nous guide dans ce travail; c'est à elle que nous demanderons d'éclairer nos conclusions.

SANS COMMENTAIRES

Afin de prouver à nos lecteurs que nous n'avons discuté cette question de l'Octroi qu'à l'aide de pièces officielles et de documents très sérieux, nous avons résolu de faire passer, sous leurs yeux, copie de quelques lettres émanant des Maires des plus grandes villes de Belgique.

Réponse du Bourgmestre de Bruxelles

Monsieur,

Comme suite à votre lettre, j'ai l'honneur de vous faire connaître q... après la suppression des Octrois, les avantages obtenus sous le rapport de l'abaissement du prix des denrées ont été diversement appréciés.

En fait, la diminution a été très réelle pour la vente en gros, mais presque nulle pour la vente en détail. Ce sont donc les marchands qui ont le plus directement profité des bénéfices de la réforme.

Agréez, etc.

Réponse du Bourgmestre de la ville de Namur

Monsieur,

En réponse à votre lettre, j'ai l'honneur de vous faire connaître :

1° Que par suite de la suppression des Octrois, la diminution du prix des choses les plus nécessaires à la vie a été très peu sensible;

2° Qu'il serait très difficile d'indiquer dans quelle proportion a eu lieu cette diminution :

3° Que l'influence de cette suppression a été funeste aux finances et aux ressources de la ville de Namur.

Les ressources substituées sont loin d'avoir procuré à notre budget des avantages et des facultés d'équilibre.

Veuillez agréer, etc.

∴

Réponse du Bourgmestre de la ville de Malines

MONSIEUR,

J'ai l'honneur de répondre à vos questions :

1° L'abolition des Octrois, à Malines, n'a produit aucune diminution dans le prix des choses nécessaires à la vie;

2° Elle a été désastreuse pour les finances de notre ville. Le rendement de l'Octroi était progressif, tandis que notre quote-part dans les fonds communaux créés en remplacement de ce produit est restée stationnaire jusqu'à ce jour.

La réforme dont il s'agit a eu pour conséquence de déséquilibrer le budget de la plupart des communes à Octroi.

Recevez, etc.

∴

Réponse du Bourgmestre de la ville d'Ostende

MONSIEUR,

Comme suite à votre lettre par laquelle vous me demandez des renseignements au sujet de l'effet produit par la loi du 18 juillet 1860, abolitive des Octrois communaux, j'ai l'honneur de vous informer :

1° Que la suppression des Octrois n'a pas eu à Ostende,

pour conséquence d'amener un changement appréciable dans le prix des choses nécessaires à la vie ;

2° Que cette suppression n'a eu aucune influence sur nos recettes communales. Un fonds spécial, créé par la loi de 1860, a eu pour but **d'indemniser les communes des pertes que la suppresion des Octrois leur aurait fait subir**.

Agréez, etc. (1).

∴

Nous n'ajouterons rien à cette lecture instructive.

---

(1) Bull. de l'O.

CONCLUONS

Nous voici arrivé au but. Nous allons, ainsi que nous l'avons promis, indiquer quelle doit être, à notre avis, la solution poitevine du problème. Qu'il soit bien entendu que, dans le cours de ce travail, nous ne nous sommes laissé influencer par rien ni personne; nous n'avons tenu compte que de la raison, des chiffres, et des documents de source authentique. La conséquence de cet examen très impartial a été d'imposer à notre esprit une solution contraire à nos aspirations premières; nous avons accepté de nous incliner devant ce résultat que, malgré nos regrets, nous sommes obligé de considérer, à l'heure actuelle, comme le parti le plus sage et le plus sûr.

Il nous sera bien permis de revenir sur nos pas et de grouper les principales vérités que nous avons reconnues chemin faisant, pour en faire comme la raison d'être de nos conclusions ?

Nous supposons que nos lecteurs ne s'y opposeront pas.

.·.

Un impôt municipal est indispensable dans chaque commune, d'abord pour payer les dépenses courantes, ensuite pour apurer les dettes contractées.

Le total des emprunts à rembourser se monte, pour notre ville, à 8,726,081,68, intérêts compris, et le délai de paiement expire en 1931.

Cette grosse somme et les nombreux travaux qui restent à entreprendre : Pavage général des rues, création d'égouts, nettoyage des rivières, travaux d'hygiène, reconstitution de l'Ecole de médecine, reconstruction des ponts, etc.., tous ces chefs de dépense nous enlèvent le droit de nous livrer à des essais dont la non réussite possible entraînerait des résultats désastreux.

⁘

La propriété foncière est grevée, à peu près, du maximum qu'elle peut supporter; et les impôts indirects constituent un moyen simple et équitable de faire participer aux charges publiques les citoyens dont la fortune n'est pas consolidée, ou qui vivent de leur travail journalier

L'impôt de consommation connu sous le nom d'Octroi ne mérite pas tous les reproches dont l'accablent les théoriciens et les intéressés; l'exercice auquel il astreint les assujettis est le seul grave reproche qu'on puisse lui adresser. Il a l'avantage d'être facilement recouvrable et, par ses versements hebdomadaires, il permet à la Caisse communale de pouvoir payer à vue.

La justice, l'équité commande de faire supporter le coût des dépenses communales par les citoyens au profit desquels elles sont contractées, c'est-à-dire par les habitants, qui en jouissent constamment, ou par la population flottante, qui en profite durant son séjour dans la ville.

⁘

La ville de Poitiers dépensant annuellement, pour les divers services de l'Assistance publique et pour la gratuité de l'Instruction, la somme de 170,585,32, il est permis d'admettre que chaque Poitevin des classes les moins riches, moyennant un versement annuel de 11,20, pour chaque membre de sa famille, assure l'instruction de ses enfants, l'existence de sa famille pendant la mauvaise saison, et acquiert la certitude que ni lui ni les siens ne manqueront du nécessaire durant la vieillesse ou les maladies.

Défalcation faite des avantages procurés par cette sorte d'assurance, l'ouvrier ne se trouve payer que 2,68 pour les services généraux de la commune, dont il fait usage selon ses besoins et à sa volonté.

Il nous semble juste que l'ouvrier paye sa quote part des impôts communaux, parce qu'il participe à la nomination des administrateurs de la commune, et qu'alors, il est de sa dignité de contribuer, dans la mesure de ses moyens, au payement des charges que ses mandataires créent dans l'intérêt général.

Car si l'ouvrier ne payait aucun impôt communal, on en arriverait à cette monstruosité économique : la plus grande partie de la population poitevine n'aurait que des Droits et pas de Devoirs ; la majorité prolétaire créerait les impôts par ses représentants, et la minorité propriétaire serait condamnée à payer.

Aucun homme de bon sens ne voudrait défendre une thèse semblable. Les prolétaires, eux-mêmes, n'accepteraient pas qu'on leur créât une pareille situation.

En Belgique, la suppression a consacré une énorme injustice, qui consiste à faire payer une partie des dépenses des villes par les populations rurales. Au témoignage des Bourgmestres des grandes communes belges, la suppression de l'Octroi n'a profité qu'aux détaillants, et n'a réussi qu'à désorganiser les finances communales.

Pour imiter l'Angleterre, laquelle ignore l'Octroi, il faudrait adopter son système financier. Ce système est le contraire du nôtre en ce qui concerne la destination des taxes. **et il comprend l'impôt sur le revenu.**

La révolution économique susceptible d'amener un tel changement en France ne peut être faite que par les Chambres. Trouveront-elles jamais le temps de s'occuper de ce grave sujet ?

.·.

La suppression dans ce pays ferait retomber 126,979,76 de charges, jusqu'à ce jour payées par la population flottante. sur l'élément purement poitevin

L'exemple de la ville d'Elbeuf. bien qu'il paraisse ne devoir donner aucun des résultats escomptés, n'est pas applicable à Poitiers ; Elbeuf ayant soldé son dernier emprunt le 31 décembre 1891. alors que notre ville est engagée pour la somme et pendant le temps que l'on sait.

Enfin la ville de Lyon, toute riche et florissante qu'elle soit, par son importance et ses nombreuses industries, semble hésiter à faire l'essai auquel le Gouvernement la convie.

.·.

Toutes ces raisons examinées, nous concluons ainsi :

En l'état actuel de la Législation française et de la situation financière de la commune de Poitiers .

Considérant que l'Octroi, de par sa nature et son fonctionnement, est un impôt indirect sur le revenu, puisqu'il atteint la richesse circulante au moment où elle manifeste son existence par la prise de possession ou la consommation de l'objet qui la représente ;

Que la fraction des charges communales supportée par les classes nécessiteuses ne nous paraît pas susceptible d'être diminuée par la suppression générale des taxes, les intermédiaires étant fatalement appelés, comme en Belgique, à encaisser le montant de la suppression, sans aucun profit pour les consommateurs ;

Qu'en outre, la partie de la population qu'il s'agit de dégrever ne manquerait pas d'être atteinte indirectement par les impôts de remplacement préconisés jusqu'à ce jour, et,

contrairement aux intentions des adversaires de l'Octroi,
qu'elle se trouverait payer deux fois la même somme ;

Que, d'autre part, étant donnés les services rendus par la
Commune aux ouvriers et aux nécessiteux, l'effet des charges fiscales se trouve, pour eux, sensiblement amoindri et
nullement disproportionné avec les avantages qu'ils retirent
de la Communauté.

Admettant, cependant, que l'impôt connu sous le nom
d'Octroi est susceptible d'amélioration ; notre avis est :

**Que l'Octroi de Poitiers doit être
maintenu, en principe, dans l'intérêt du
budget communal, jusqu'à ce que les
Pouvoirs publics aient adopté la mise
en pratique d'un système d'impôt en
rapport avec la répartition réelle de la
richesse sous ses différentes formes.**

Mais considérant qu'il est indispensable d'aider au déve-
loppement commercial de notre ville, en même temps qu'il
est nécessaire de corriger les erreurs de détails qui ont pu se
glisser dans la confection des tarifs de perception :

Nous émettons les vœux suivants :

**Que le minimum des quantités de
marchandises exigé pour l'obtention de
l'entrepôt soit abaissé;**

**Qu'il soit créé un Entrepôt réel d'Oc-
troi, pour permettre le transit à l'intérieur, sans que les consignataires des
marchandises soient obligés à caution
ou consignation ;**

**Qu'il soit procédé à la révision de cer-
taines taxes du tarif, lesquelles nous paraissent pouvoir être établies d'une façon plus équitable.**

.·.

Considérant, en outre, que le maintien du régime de l'Octroi, n'empêche pas de rechercher les moyens d'améliorer la condition des travailleurs et des nécessiteux ; et admettant comme probable, dans un avenir peu éloigné la suppression, par l'État des droits de régie sur les boissons dites hygiéniques ;

Attendu que la coutume constamment suivie est d'établir le prix des boissons en dehors du coût des taxes ; et que, dans ce cas particulier, il n'est pas à craindre que le bénéfice de la détaxe soit accaparé par l'intermédiaire, au préjudice du consommateur ;

Nous sommes d'avis que la commune devrait, en même temps que l'Etat, supprimer le droit qu'elle perçoit sur les boissons hygiéniques et la vendange, sous r serve de récupérer la totalité de cette perte :

1° Par un impôt sur les prêts hypothécaires effectués sur le territoire communal ;

2° Par une taxe proportionnelle sur les successions ouvertes dans le périmètre de la commune ;

3° Par un impôt sur les chambres garnies et les chambres d'hôtels ou d'auberges, seul moyen de faire contribuer la population flottante aux charges dont la détaxe des boissons l'aura exonérée.

∴

Enfin, nous souvenant que la population ouvrière a le droit, à tous les points de vue, de bénéficier le plus largement possible des réformes financières entreprises sous le régime républicain, nous demandons :

Que l'on affranchisse de tous droits les raisins secs, à l'entrée de la ville ; alors qu'à proprement parler il n'existe pa

de Fabriques de vins à Poitiers, et que, selon les usages locaux, ces raisins servent uniquement à faire, par infusion, et pour les classes laborieuses, des boissons économiques dites « de ménage ».

En droit, ces piquettes auraient dû toujours jouir de la franchise des taxes, ainsi que semblait l'indiquer la Jurisprudence établie par un arrêt de la Cour de cassation du 17 janvier 1810.

∴

Après avoir écrit le dernier mot de cette étude, nous croyons devoir remercier les lecteurs qui nous ont fait l'honneur de nous accorder leur attention.

Ces questions de chiffres sont quelquefois arides à suivre; mais elles deviennent intéressantes lorsque l'on songe que tout leur est subordonné.

TABLE DES MATIÈRES

TROISIÈME PARTIE

Effets de l'Octroi

QUATRIÈME PARTIE

Conclusions

ERRATA

Page 16, — ligne 11, — lire *graissage* au lieu de *grainage*.

Poitiers. — Imprimerie MILLET ET PAIN.

81

www.ingramcontent.com/pod-product-compliance
Lightning Source LLC
Chambersburg PA
CBHW060628200326
41521CB00007B/926